cuisineminute
by m

360 desserts faciles

cuisineminute
by marabout

360 desserts faciles

Recettes de Denise Smart

À table en :

10 MINUTES   **20** MINUTES   **30** MINUTES

Publié pour la première fois en Grande-Bretagne en 2012 par Hamlyn, département d'Octopus Publishing Group Ltd sous le titre *Desserts*

Recettes de Denise Smart
Copyright © Octopus Publishing Group Ltd 2012

Copyright © Hachette Livre (Marabout) 2012 pour la traduction et l'adaptation françaises

Traduction et adaptation : Catherine Vandevyvere
Mise en pages : Les PAOistes
Relecture-correction : Virginie Manchado
Suivi éditorial : Natacha Kotchetkova

Tous droits réservés. Toute reproduction ou utilisation de l'ouvrage sous quelque forme et par quelque moyen électronique, photocopie, enregistrement ou autre que ce soit, est strictement interdite sans autorisation écrite de l'éditeur.

Pour l'éditeur, le principe est d'utiliser des papiers composés de fibres naturelles, renouvelables, recyclables et fabriquées à partir de bois issus de forêts qui adoptent un système d'aménagement durable.

En outre, l'éditeur attend de ses fournisseurs de papier qu'ils s'inscrivent dans une démarche de certification environnementale reconnue.

Vous devez préchauffer le four à la température indiquée. Si vous utilisez un four à chaleur tournante, respectez les instructions du fabricant pour adapter la durée et la température de cuisson en conséquence. Le gril du four doit également être préchauffé.

Cet ouvrage contient des recettes réalisées avec des oléagineux. Les personnes présentant une allergie aux noix ou autres oléagineux doivent remplacer ces ingrédients. Les personnes les plus vulnérables, notamment les femmes enceintes ou allaitantes, les malades, les personnes âgées, les bébés et les jeunes enfants, doivent éviter de consommer des oléagineux.

Il est également conseillé de lire la composition des produits industriels pour vérifier s'ils contiennent des traces d'oléagineux.

Certaines de nos recettes contiennent des œufs crus ou à peine cuits. Il est déconseillé aux personnes les plus vulnérables, notamment les femmes enceintes ou allaitantes, les malades, les personnes âgées, les bébés et les jeunes enfants, de consommer des œufs crus ou à peine cuits.

Sommaire

Introduction 6

Délices fruités 20
Recettes par temps de préparation 22

Divin chocolat 74
Recettes par temps de préparation 76

Les chouchous des familles 126
Recettes par temps de préparation 128

Desserts de fête 178
Recettes par temps de préparation 180

Recettes santé 232
Recettes par temps de préparation 234

Index 280

Introduction
30 20 10 – rapide, très rapide, ultrarapide

Ce livre vous permet de découvrir une nouvelle façon de planifier vos repas et vous propose un classement original pour choisir une recette en fonction du temps dont vous disposez pour cuisiner. Vous trouverez ainsi 360 recettes qui ne manqueront pas de vous inspirer et de vous motiver pour cuisiner tous les jours. Elles sont toutes réalisables en 30 minutes au maximum, 20 minutes ou 10 minutes à peine ! Vous pourrez facilement en essayer une nouvelle chaque soir et vous vous constituerez rapidement une liste de recettes variées et adaptées à vos besoins.

Comment ça marche ?

Les recettes sont classées par temps de préparation au début de chaque chapitre.

La recette principale est présentée en haut de la page, accompagnée d'une photo, et deux recettes aux saveurs comparables sont proposées en dessous, avec des temps de préparation différents.

Chaque recette de ce livre peut être cuisinée de 3 façons : en 30 minutes, en 20 minutes ou en 10 minutes pour une version ultrarapide. Parcourez les 360 délicieuses recettes, trouvez celle qui vous donne envie et cuisinez la version qui correspond au temps dont vous disposez.

Une recette similaire en moins de temps

Si vous avez apprécié un dessert, vous pouvez aussi essayer les variantes proposées. Par exemple, si la Tarte mangue-passion (page 38) en 20 minutes vous a plu, mais que vous n'avez que 10 minutes devant vous, vous pouvez essayer la version simplifiée.

Des saveurs à décliner selon 3 variantes

Si vous aimez les saveurs du Eton mess aux fraises (page 134) en 10 minutes, pourquoi ne pas essayer une recette de Nids meringués et crème aux fraises en 20 minutes ou une version plus élaborée comme la Tarte meringuée aux fraises ?

Des suggestions thématiques

Si vous êtes en manque d'inspiration, vous trouverez un aperçu rapide des recettes classées par thèmes pages 12 à 19, par exemple À partager ou Délicieusement décadent.

À propos des recettes

Le rythme de la vie moderne nous laisse bien peu de temps pour cuisiner… Dans ce livre, vous trouverez toujours une idée de dessert en fonction du temps dont vous disposez. Il y en a pour tous les goûts : des douceurs fruitées aux tentations chocolatées, en passant par les préférés des familles et les desserts de fêtes. Vous trouverez aussi un chapitre consacré aux options plus saines : avec moins de matières grasses et des modes de cuisson plus sains, vous pourrez quand même vous offrir des petits plaisirs sucrés.

Le dessert idéal est celui qui s'intègre dans un menu : un repas un peu lourd se terminera sur une note fruitée, tandis qu'un gâteau au chocolat pourra clore un repas léger. Les saisons pourront aussi guider votre choix : au cœur de l'hiver, aurez-vous envie d'un bon pudding, alors que la chaleur de l'été vous donnera envie de quelque chose de plus fruité. Choisissez des fruits de saison car ils sont bien plus savoureux, même accommodés simplement : frais, avec une boule de glace, ou grillés, avec une pincée de sucre.

Techniques et astuces

Tout le monde peut réussir un bon dessert, à condition d'avoir le bon matériel. Une cuisine bien équipée permet de gagner du temps et d'obtenir de bons résultats.

Premier outil indispensable : le fouet électrique. C'est grâce à lui que vous pourrez réaliser meringues et génoises en un rien de temps. Autre incontournable : le robot. Il vous permettra d'émietter des biscuits, de hacher des noisettes, de réduire en purée, de faire des coulis, de la chapelure et de la pâte à gâteau en un tournemain. Quant au micro-ondes, il pourra vous être utile pour faire fondre du chocolat ou du beurre.

Quelques instruments de mesure sont également indispensables, comme une balance, un verre doseur ou des cuillères-mesure. Il vous faudra aussi 2 bons couteaux – un petit pour parer et trancher, et un grand pour hacher. N'hésitez pas à investir dans des emporte-pièces de plusieurs tailles – en métal ou en plastique, un vide-pomme, un dénoyauteur à cerises, un zesteur pour prélever l'écorce des agrumes, un pinceau de cuisine et un rouleau à pâtisserie.

Quelques bols seront nécessaires pour fouetter des blancs d'œufs, de la crème, de la pâte à crêpes.

Ayez toujours en réserve quelques plaques de cuisson antiadhésives de différentes tailles, un moule à roulé, ainsi qu'une réserve de papier sulfurisé, d'aluminium et de film alimentaire. Vous aurez également besoin d'une poêle antiadhésive et de plusieurs casseroles.

Pour réduire les temps de cuisson, beaucoup de gâteaux de ce livre ont été cuits dans des petits moules. Vous devrez par conséquent disposer de suffisamment de moules à muffins, à cupcakes et à tartelettes, de ramequins, de petits moules à darioles...

Ingrédients

Veillez à ce que votre garde-manger soit en permanence bien garni. Vous verrez combien il est facile de préparer rapidement un dessert à partir des denrées de base que l'on a en réserve. Des conserves de fruits peuvent constituer une solution hors saison, et donner d'excellents crumbles ou desserts crémeux. Il en va de même pour les meringues toutes faites que l'on peut garnir de crème et de fruits, ou que l'on peut émietter pour « aérer » une crème (voir page 134). Des biscuits émiettés peuvent se transformer en fond de tarte ou s'imbiber d'alcool avant d'être incorporés à une préparation. Le lait concentré en conserve peut remplacer le lait ou la crème fraîche dans certaines préparations, tandis que la sauce caramel prête à l'emploi vous permettra de réaliser une délicieuse Banoffee pie express (voir page 130).

Assurez-vous d'avoir toujours en réserve de la farine ordinaire et de la farine à levure incorporée, du cacao en poudre et de la poudre à lever, ainsi qu'une variété de sucres : en poudre, semoule, roux, de la cassonade, mais aussi du miel et du sirop d'érable. Les œufs utilisés dans les recettes de ce livre sont, sauf autrement précisé, des œufs de taille moyenne.

Le chocolat apparaît dans de nombreuses recettes de ce livre, en particulier dans le chapitre qui lui est consacré. Lorsque vous achetez du chocolat noir, choisissez-le riche en cacao – au moins à 70 %.

Faites le plein de quatre-quarts et de génoises tout prêts. Ils vous permettront de confectionner toutes sortes de desserts, même si vous avez très peu de temps.

Les sauces au chocolat prêtes à l'emploi, les sauces au caramel, les compotes et les coulis sont toujours bienvenus et agrémenteront agréablement crèmes glacées et sundaes, crêpes et autres gourmandises. N'oubliez pas certaines épices, comme le gingembre moulu, la noix de muscade et la cannelle.

Le pain brioché, la brioche aux fruits et le panettone vous permettront de réaliser facilement de délicieux puddings ou du savoureux pain perdu.

Enfin, pour les cuisiniers pressés, les fonds de tartes et tartelettes tout prêts sont incontournables car ils leur feront gagner un temps précieux.

Le réfrigérateur et le congélateur

Tirez intelligemment parti de votre congélateur : les fruits surgelés (fruits rouges et exotiques) peuvent servir de base à des crumbles, des glaces et des sorbets. Le congélateur permet aussi de raffermir des gelées et des mousses en un temps record.

Ayez toujours au frais ou au congélateur de la pâte brisée toute faite, de la pâte feuilletée et de la pâte filo. Vous n'aurez alors aucun mal à confectionner des tartes aux pommes ou aux abricots, des millefeuilles et des strudels.

Ayez toujours en réserve de la glace à la vanille et un sorbet aux fruits de qualité.

Quand vous préparez la garniture d'un crumble, doublez les quantités et congelez-en la moitié en vue d'un crumble express ultérieur. En saison, faites des compotes de fruits que vous mettrez au congélateur. Vous pourrez les ressortir à tout moment pour réaliser tartes et crumbles.

Assurez-vous de toujours avoir en quantité suffisante du beurre, du lait, du yaourt, de la crème fraîche, du fromage blanc, du mascarpone et de la crème vanille (crème pâtissière ou crème anglaise). Ces ingrédients vous permettront de réaliser toutes sortes de douceurs, ou serviront d'accompagnement.

Parfums

En cuisine, les parfums ont une importance capitale. Achetez du sirop de mûre ou du sirop de fleur de sureau pour apporter une note fruitée à vos desserts. Pour une touche voluptueuse, pensez au rhum et au cognac, mais aussi à la liqueur d'orange ou d'amande, ou à la crème de cassis. Vous pouvez aussi acheter du sucre parfumé à la cannelle ou à la lavande, ou préparer un sucre vanillé maison en plongeant dans un bocal de sucre en poudre une gousse de vanille, dont vous aurez utilisé les graines dans un dessert.

Préparez du beurre parfumé en lui incorporant du zeste d'orange, de citron ou de citron vert. Pensez au chocolat parfumé au gingembre, à l'orange, à la menthe ou au piment pour réaliser une sauce originale. Préférez l'extrait de vanille, d'amande et de citron aux essences plus volatiles. Pensez à des parfums moins courants, notamment celui de la citronnelle asiatique, du gingembre frais, du thé vert et de certaines épices comme la cardamome ou l'anis étoilé. Enfin, ne laissez pas de côté les herbes fraîches comme le romarin, le basilic et le thym citronné.

Présentation

On dit toujours qu'on mange aussi avec les yeux… Il faut donc soigner la présentation, et n'imaginez pas que le décor est un art réservé aux professionnels. Un saupoudrage de sucre glace ou de cacao, quelques dés de fruits frais, des copeaux de chocolat, un filet de chocolat fondu ou un coulis de fruits suffisent souvent à rendre un dessert vraiment appétissant. Pensez aux florentins, aux tuiles aux amandes, aux macarons et aux biscuits amaretti pour accompagner vos desserts. Si vous avez un peu de temps, présentez la glace dans des coupelles en pâte à tuiles (voir page 236) ou confectionnez des éclats de caramel salé (voir page 192). Vous pouvez aussi créer d'impressionnants copeaux de chocolat (« caraques ») en étalant du chocolat fondu (noir, au lait ou blanc) en une fine couche, sur une plaque de marbre, puis en le raclant à l'aide d'un couteau à large lame incliné à 45 °.

Saveurs d'été

De délicieux desserts gorgés de soleil.

Brochettes de fruits thaïes 30

Tartelettes aux abricots 42

Pêches au four aux framboises et aux amarettis 64

Mousse au chocolat blanc, citronnelle et cardamome 104

Millefeuille aux framboises 200

Meringues à l'eau de rose et à la grenade 218

Carpaccio d'ananas au basilic 242

Mangue grillée et sirop au citron vert et au piment 252

Crème à la mangue, à la cardamome et à la menthe 256

Pastèque et sucre à la menthe 268

Salade de fruits tropicaux et sirop au gingembre 276

Crèmes aux groseilles à maquereau 278

Envie de réconfort

À savourer par une froide journée d'hiver.

Prunes rôties aux épices 34

Fausse tourte aux abricots et aux myrtilles 50

Crumble express aux prunes 52

Tartelettes Tatin rhubarbe-gingembre 68

Risotto au chocolat 96

Bananes et noix de pécan, crème caramélisée 138

Moelleux aux dattes, sirop d'érable et noix de pécan 148

Strudel aux pommes et aux raisins secs 170

Riz au lait express à l'eau de rose et à la cardamome 174

Tarte Tatin à la banane 202

Compote de fruits secs aux épices 248

Petits-fours aux mûres et aux pommes 258

Délices aux fruits rouges

De la couleur dans vos assiettes.

Crème croustillante aux framboises et au miel 26

Trifles aux myrtilles 48

Tartelettes passion-fraise 62

Charlotte aux mûres déstructurée 70

Paniers de myrtilles, sauce au chocolat blanc 88

Pancakes aux myrtilles 132

Vacherin aux fraises 134

Petits gâteaux myrtille-citron 160

Roulé meringué chocolat blanc-framboises 190

Mousse de mûres 238

Îles meringuées aux fruits rouges 266

Fruits rouges cuits et meringues aux noisettes 270

Rafraîchissant

Des desserts frais et glacés, et leurs petites touches gourmandes.

Crème glacée aux fruits et au basilic 24

Sauce chocolat-caramel 78

Coupe glacée chocolat-cerise 80

Sucettes glacées au chocolat 106

Sundaes Rocky Road 144

Barres croustillantes chocolat-abricot 166

Affogato al caffè 184

Éclats de caramel salé 192

Mini-omelettes norvégiennes 212

Petites gelées à la noix de coco et au citron vert 214

Glace au yaourt et aux fruits rouges 236

Sorbet express aux framboises 274

IDÉES DE RECETTES 15

Les chouchous des enfants

Ou comment leur faire plaisir...

Rhubarbe pochée
sur brioche aux fruits 44

Petits moelleux à l'ananas 60

Tarte feuilletée aux nectarines
et aux amandes 66

Crumbles poire-chocolat 98

Crêpes au chocolat 102

Fondant aux épices
et sauce au chocolat 112

Pudding au chocolat
et aux fruits secs 120

Brochettes de fruits,
sauce aux marshmallows 142

Beignets de bananes
au sésame 146

Riz au lait au citron
et aux amandes 154

Poires pochées à la vanille et
sauce au caramel chaude 198

Pancakes au lait fermenté
et à la banane 260

Petites bouchées

Quelques-uns de vos desserts favoris en portions individuelles.

Tartelettes croustillantes aux pommes 54

Petits cheesecakes au cassis 72

Fondue au chocolat 82

Petits moelleux au chocolat et aux griottes 90

Blinis au chocolat 92

Tartelettes très sucrées 158

Cheesecakes new-yorkais 164

Croquants à la crème de limoncello 204

Pastéis de nata 210

Pots de crème à la lavande 222

Soufflés mangue-passion 224

Cheesecakes au café 226

À partager

Des tartes et des gros gâteaux pour la famille et les amis.

Tarte mangue-passion 38

Cheesecake au chocolat blanc et aux fraises 108

Trifle chocolat-cerise 110

Tarte chocolat-gingembre 114

Tarte briochée abricot-chocolat 118

Gâteau fondant chocolat-pruneau 122

Banoffee pie 130

Trifle aux framboises 150

Key lime pie 152

Tarte aux pommes 162

Tartelettes au citron 188

Gâteau de polenta à l'orange et au romarin 216

Délicieusement décadent

Est-ce bien raisonnable ?

Clafoutis aux cerises 46

Petites crèmes
chocolat-café 86

Soufflés
chocolat-pistache 116

Mousse au chocolat
et rayon de miel 124

Fondue au chocolat
et pailles aux noisettes 176

Tiramisu 182

Sabayons à l'irish coffee 194

Figues poêlées au marsala 196

Trifles à la banane
et à la crème de whisky 206

Crème à la menthe
et coupelles en chocolat 208

Sabayons au chocolat 228

Biscuits au parmesan et au
romarin, raisin poché 230

IDÉES DE RECETTES

Délices fruités

Recettes par temps de préparation

30 MINUTES

Bombes glacées aux fruits	24
Trifles flocons d'avoine et framboise	26
Petits pots de crème à la vanille	28
Salade de fruits thaïe et sirop à la citronnelle	30
Salade de melons au gingembre et à la coriandre	32
Prunes rôties aux épices	34
Crêpes Suzette	36
Tarte Tatin mangue-passion	38
Riz au lait de coco et mangue	40
Tarte abricot-amande	42
Petites tourtes à la rhubarbe	44
Clafoutis aux cerises	46
Trifle aux myrtilles et vinaigre balsamique	48
Fausse tourte aux abricots et aux myrtilles	50
Crumble express aux prunes	52
Tartelettes croustillantes aux pommes	54
Crumbles rhubarbe-orange-amande	56
Moelleux orange-canneberge	58
Petits moelleux à l'ananas	60
Gâteau sablé aux fruits de la passion et au mascarpone	62
Pudding pêche-framboise	64
Tarte feuilletée aux nectarines et aux amandes	66
Petits crumbles rhubarbe-gingembre	68
Charlotte aux mûres déstructurée	70
Petits cheesecakes au cassis	72

20 MINUTES

Macarons glacés	24
Sundaes framboises et miel	26
Fruits rouges caramélisés	28
Brochettes de fruits et crème coco	30
Salade melon-myrtille et sirop au thym	32
Prunes rôties à la vanille	34
Crêpes à la cannelle et sauce chocolat-orange	36
Tarte mangue-passion	38
Mangue grillée à la noix de coco	40
Tartelettes aux abricots	42
Trifles express à la rhubarbe	44
Miniclafoutis cerise-amande	46
Trifles aux myrtilles	48
Crumble express abricot-myrtille	50
Minicrumbles aux prunes	52
Pommes au four	54
Crèmes rhubarbe-orange	56
Petits gâteaux orange-canneberge	58

10 MINUTES

Ananas au sirop parfumé 60	Crème glacée aux fruits et au basilic 24	Compote pomme-mûre 54
Tartelettes passion-fraise 62	Crème croustillante aux framboises et au miel 26	Compote express rhubarbe-orange 56
Pêches au four aux framboises et aux amarettis 64	Crèmes brûlées aux fruits 28	Coulis orange-canneberge 58
Nectarines rôties aux pistaches et aux amandes 66	Brochettes de fruits thaïes 30	Tranches d'ananas grillées à la cannelle 60
Tartelettes Tatin rhubarbe-gingembre 68	Salade melon-pastèque-menthe 32	Tartelettes chaudes aux fruits de la passion 62
Minicharlottes aux mûres 70	Compote de prunes aux épices 34	Pêches Melba 64
Crèmes parfumées au cassis 72	Oranges au sirop et tortillas à la cannelle 36	Sablés aux nectarines et crème aux noisettes 66
	Yaourt mangue-passion au muesli 38	Compote rhubarbe-gingembre 68
	Verrines de crème coco à la mangue 40	Compote de mûres 70
	Abricots grillés à la pâte d'amandes 42	Coulis de cassis 72
	Rhubarbe pochée sur brioche aux fruits 44	
	Glace vanille aux cerises 46	
	Gaufres et sauce myrtille-citron 48	
	Compote abricot-myrtille 50	
	Muesli au yaourt et aux prunes 52	

Crème glacée aux fruits et au basilic

Pour 4 à 6 personnes
450 g de fruits tropicaux surgelés
(mangue, papaye, ananas...)
1 c. à s. de jus de citron vert
200 g de mascarpone
2 c. à s. de sucre glace
2 c. à s. de basilic ciselé
 + 4 à 6 brins pour décorer

- Versez la moitié des fruits et le jus de citron vert dans un robot. Hachez grossièrement. Ajoutez le mascarpone et le sucre glace. Mixez jusqu'à obtention d'un mélange relativement lisse.

- Ajoutez le reste des fruits et le basilic. Mixez brièvement pour qu'il reste encore des morceaux. Déposez des boules de crème dans des coupes et servez aussitôt. Décorez avec quelques brins de basilic.

Macarons glacés Déposez 1 grosse cuillerée de crème ci-dessus sur la partie plate d'un macaron à la noix de coco et au chocolat. Posez un autre macaron sur la crème et placez le petit sandwich au congélateur. Répétez l'opération avec 10 autres biscuits. Servez 2 sandwichs par personne, dès la sortie du congélateur.

Bombes glacées aux fruits
Préparez la crème, puis répartissez-la dans 6 moules individuels en métal (contenance 150 ml). Couvrez de film alimentaire et placez pour 20 minutes au congélateur. Au moment de servir, trempez la base des moules dans de l'eau chaude, puis retournez-les sur des assiettes. Arrosez de coulis de mangues tout prêt.

Crème croustillante aux framboises et au miel

10 MINUTES

Pour 4 personnes
50 g de flocons d'avoine moyens
2 c. à s. de whisky
250 ml de crème fraîche
250 g de framboises
3 c. à s. de miel liquide

- Versez les flocons d'avoine dans une poêle antiadhésive et faites griller à sec pendant 2 à 3 minutes, à feu moyen, en remuant. Laissez refroidir sur une assiette.

- Fouettez le whisky et la crème avec un fouet électrique jusqu'à ce que des pointes souples se forment. Écrasez une poignée de framboises dans un bol avec une fourchette.

- Mélangez les flocons d'avoine, le miel, les framboises écrasées et les framboises entières avec la crème au whisky. Répartissez le mélange dans 4 coupes et servez aussitôt.

Sundaes framboise et miel
Dans un bol, mélangez 2 c. à s. de whisky, 1 c. à s. de miel liquide, le zeste râpé et le jus d' ½ citron. Versez 300 ml de crème fraîche dans un grand récipient. Ajoutez la préparation au miel et fouettez jusqu'à épaississement. Répartissez 50 g de muesli au miel et 75 g de framboises dans 4 verres. Versez la moitié de la crème dans les verres. Continuez d'alterner les couches en finissant par la crème. Réfrigérez 5 à 10 minutes avant de servir.

Trifles flocons d'avoine et framboise Garnissez de génoise le fond d'un récipient de 15 cm de diamètre. Arrosez avec 25 ml de whisky et parsemez de 200 g de framboises. Répartissez 125 g de muesli sur les framboises, puis arrosez avec 2 c. à s. de miel liquide. Mélangez 350 g de crème pâtissière prête à l'emploi et 1 c. à s. de whisky, et étalez le mélange sur le muesli. Fouettez légèrement 250 g de crème fraîche que vous répartirez sur la crème pâtissière. Décorez de framboises, couvrez et placez au réfrigérateur pour 15 minutes avant de servir.

Crèmes brûlées aux fruits

Pour 4 personnes

350 g de compote de fruits rouges prête à l'emploi

500 g de yaourt grec

75 g de cassonade

- Versez la compote dans 4 ramequins (contenance 150 ml). Répartissez le yaourt sur la compote. Saupoudrez de cassonade et posez les ramequins sur une plaque de cuisson.

- Passez sous le gril du four pendant 4 à 5 minutes, jusqu'à ce que le sucre caramélise et bouillonne. Laissez refroidir 3 à 4 minutes avant de servir.

Fruits rouges caramélisés

Versez 450 g de fruits rouges surgelés dans un plat à gratin. Arrosez avec 2 c. à s. de crème de cassis. Saupoudrez de 2 à 3 c. à s. de cassonade. Faites caraméliser 10 à 15 minutes sous le gril du four préchauffé. Servez avec de la glace à la vanille ou nappez-en les pots de crème ci-contre.

Petits pots de crème à la vanille

Placez 4 ramequins (contenance 150 ml) au frais pendant que vous préparez la crème. Fouettez 3 jaunes d'œufs, 1 c. à s. de crème pâtissière en poudre, 3 c. à s. de sucre vanillé et 3 c. à s. de lait. Avec un fouet, incorporez progressivement 300 ml de lait chaud à la préparation aux œufs. Versez dans la casserole sur feu moyen et faites épaissir 3 à 4 minutes, en fouettant. Laissez refroidir légèrement, puis ajoutez 150 g de mascarpone. Versez la crème dans des ramequins et placez pour 15 minutes au réfrigérateur. Nappez de 350 g de compote de fruits, puis servez.

10 MINUTES

Brochettes de fruits thaïes

Pour 4 personnes

4 longs bâtons de citronnelle asiatique
2 kiwis pelés et coupés en huit
2 mangues pelées, dénoyautées et taillées en morceaux de 1,5 cm
1 papaye pelée, épépinée et taillée en morceaux de 1,5 cm
½ ananas paré et taillé en morceaux de 1,5 cm (voir page 242)
2 c. à s. de sucre roux
2 c. à s. de noix de coco séchée
yaourt à la vanille pour servir (facultatif)

- Coupez les bâtons de citronnelle en morceaux de 20 cm de long. Coupez chaque bâton en deux dans la longueur. Retirez les parties externes coriaces et taillez une pointe à une extrémité de chaque bâton pour pouvoir enfiler facilement les fruits.

- Préparez les brochettes, en mélangeant les morceaux de fruits, puis posez-les en une seule couche sur une plaque de cuisson. Dans un petit bol, mélangez le sucre et la noix de coco, et parsemez-en les brochettes.

- Faites cuire 1 à 2 minutes sous le gril du four préchauffé, pour caraméliser le sucre et griller la noix de coco. Servez aussitôt, avec du yaourt à la vanille.

---

20 MINUTES

Brochettes de fruits et crème coco Préparez les brochettes. Versez 200 ml de lait de coco, 200 ml de lait, 2 jaunes d'œufs, 2 c. à s. de sucre en poudre et 1 c. à c. de fécule de maïs dans une casserole. Faites chauffer à feu doux 5 à 10 minutes, en fouettant, jusqu'à épaississement. Le mélange ne doit pas bouillir. Servez les fruits grillés avec la crème à la noix de coco chaude.

30 MINUTES

Salade de fruits thaïe et sirop à la citronnelle Retirez les parties externes coriaces de 2 bâtons de citronnelle. Frappez les bâtons avec un rouleau à pâtisserie pour les ouvrir et libérer l'arôme. Mettez la citronnelle dans une casserole, avec 150 g de sucre en poudre et 200 ml d'eau. Faites chauffer à feu doux, en remuant, pour dissoudre le sucre. Aux premiers bouillons, retirez la casserole du feu et versez le sirop dans une carafe résistant à la chaleur. Laissez infuser la citronnelle jusqu'à refroidissement complet. Préparez les brochettes, puis mélangez les fruits grillés dans un saladier. Versez le sirop filtré sur les fruits ainsi que le jus de 2 citrons verts. Servez aussitôt.

Salade melon-myrtille et sirop au thym

Pour 6 personnes
100 g de sucre en poudre
200 ml d'eau froide
3 brins de thym citronné
   + quelques brins pour décorer
2 languettes de zeste de citron
½ melon d'Espagne
½ melon cantaloup
½ petite pastèque
150 g de myrtilles

- Faites chauffer le sucre, l'eau, le thym et le zeste de citron dans une casserole, à feu moyen. Portez à ébullition, puis baissez le feu et laissez mijoter 5 minutes pour que le mélange réduise de moitié.

- Laissez refroidir 5 minutes, versez dans une carafe et réfrigérez encore 10 minutes. Filtrez.

- Pendant ce temps, enlevez l'écorce et les graines des melons et de la pastèque. Taillez la chair en dés que vous mettrez dans un saladier, avec les myrtilles. Arrosez de sirop froid et remuez soigneusement.

- Servez cette salade de fruits dans des bols, avec un peu de sirop. Décorez de quelques petits brins de thym.

10 MINUTES

Salade melon-pastèque-menthe Préparez les melons et la pastèque comme ci-dessus. Ajoutez 2 c. à s. de menthe ciselée ainsi que le zeste râpé et le jus de 1 citron vert. Ajoutez 1 petite pincée de sel de mer et servez aussitôt.

30 MINUTES

Salade de melons au gingembre et à la coriandre Versez 100 g de sucre en poudre dans une casserole, avec 2,5 cm de gingembre frais pelé et taillé en languettes, et 200 ml d'eau. Portez à ébullition, en remuant, jusqu'à ce que le sucre soit dissous. Réduisez le feu et laissez mijoter 5 minutes.

Versez le sirop dans une carafe et réfrigérez 20 minutes. Retirez la peau et les graines de ½ melon cantaloup, de ½ melon Galia et de ½ melon d'Espagne. Taillez leur chair en tranches fines. Arrosez les tranches avec le sirop filtré et parsemez de 3 c. à s. de coriandre ciselée.

Prunes rôties aux épices

Pour 4 personnes

8 prunes rouges mûres à point
1 bâton de cannelle
2 étoiles d'anis
50 g de cassonade
le zeste râpé et le jus de 1 orange
2 c. à s. de liqueur d'orange
2 c. à s. d'eau

- Disposez les prunes entières dans un plat à gratin peu profond, avec la cannelle et l'anis étoilé. Saupoudrez de cassonade, puis ajoutez le zeste et le jus d'orange, la liqueur et l'eau.

- Faites rôtir 25 à 30 minutes dans un four préchauffé à 200 °C, en arrosant les fruits à mi-cuisson.

- Répartissez les prunes dans des bols, nappées d'un filet de sirop. Servez aussitôt.

Compote de prunes aux épices

Mettez dans une casserole 500 g de prunes coupées en deux et dénoyautées, 200 ml de jus d'orange, 2 c. à s. de sucre roux, 1 bâton de cannelle et 2 étoiles d'anis. Faites chauffer 10 minutes à feu doux, sans couvrir, jusqu'à ce que les prunes soient fondantes. Retirez la cannelle et les étoiles d'anis, et servez avec du yaourt à la vanille.

Prunes rôties à la vanille

Disposez 8 prunes coupées en deux et dénoyautées dans un plat à gratin. Parsemez de 25 g de beurre doux coupé en petits dés. Saupoudrez avec 2 c. à s. de sucre vanillé. Faites rôtir 10 à 15 minutes dans un four préchauffé à 200 °C, jusqu'à ce que les prunes soient fondantes et caramélisées. Servez avec du yaourt à la vanille.

10 MINUTES

Oranges au sirop et tortillas à la cannelle

Pour 4 personnes
4 grosses oranges
75 g de beurre doux légèrement ramolli
50 g de sucre en poudre
2 c. à s. de sucre glace
1 c. à c. de cannelle en poudre
4 tortillas de blé tendre

- Râpez finement le zeste de 2 oranges. Avec un couteau tranchant, pelez les 4 oranges à vif. Tenez les oranges au-dessus d'un bol pendant que vous détachez les quartiers pour recueillir le jus.

- Faites fondre 50 g de beurre dans une poêle. Ajoutez le sucre, 100 ml de jus d'orange et la moitié du zeste. Faites chauffer à feu moyen, en remuant de temps en temps, jusqu'à ce que le sucre soit dissous. Laissez mijoter 4 à 5 minutes, jusqu'à épaississement. Ajoutez les quartiers d'oranges pour les réchauffer.

- Pendant ce temps, mélangez le reste du beurre avec le sucre glace et la cannelle. Posez les tortillas sur une grande plaque de cuisson et badigeonnez le dessus avec le beurre parfumé. Faites dorer 2 à 3 minutes dans un four préchauffé à 200 °C. Laissez refroidir légèrement, puis coupez chaque tortilla en 4 triangles. Répartissez les oranges au sirop dans des bols et servez, avec les tortillas.

---

20 MINUTES

Crêpes à la cannelle et sauce chocolat-orange Préparez 8 crêpes (voir ci-contre), en ajoutant 1 c. à c. de cannelle dans la pâte. Maintenez-les au chaud. Faites fondre 75 g de chocolat noir parfumé à l'orange au bain-marie, avec 150 ml de crème fraîche. Pelez 3 oranges à vif et prélevez les quartiers. Garnissez les crêpes de quartiers d'orange et pliez-les en quatre. Arrosez de chocolat fondu, puis servez.

30 MINUTES

Crêpes Suzette Dans un saladier, tamisez 100 g de farine ordinaire et 1 pincée de sel. Faites un puits, versez 2 œufs battus et incorporez progressivement la farine. Ajoutez peu à peu 300 ml de lait et 2 c. à s. de beurre fondu. Faites chauffer une noisette de beurre dans une poêle de 20 cm de diamètre. Versez 1 louchée de pâte pour en napper le fond. Faites dorer 1 à 2 minutes, retournez la crêpe et faites cuire encore 1 minute. Faites 8 crêpes en tout et maintenez-les au chaud. Pour le sirop, fouettez 100 g de beurre mou et 100 g de sucre en poudre avec un fouet électrique. Ajoutez le zeste râpé et le jus de 1 orange et 2 c. à s. de liqueur d'orange. Versez la préparation dans une grande poêle et faites bouillir 2 minutes. Réduisez le feu, pliez les crêpes en quatre et réchauffez-les dans la poêle. Faites chauffer 2 c. à s. de liqueur d'orange et 1 c. à s. de cognac dans un poêlon, flambez et versez sur les crêpes.

20 MINUTES

Tarte mangue-passion

Pour 6 à 8 personnes

250 g de mascarpone
25 g de sucre glace tamisé
2 c. à s. de jus de citron vert
100 ml de coulis de mangues
1 fond de tarte précuit de 20 cm de diamètre
1 mangue mûre pelée, dénoyautée et coupée en tranches
2 fruits de la passion

- Fouettez le mascarpone dans un bol, avec une cuillère en bois, pour le ramollir. Incorporez soigneusement le sucre glace, le jus de citron vert et le coulis de mangues. Étalez la préparation sur le fond de tarte. Placez pour 15 minutes au réfrigérateur.

- Disposez les tranches de mangue sur la crème. Coupez les fruits de la passion en deux. Évidez-les sur la mangue, avec une petite cuillère. Servez aussitôt.

10 MINUTES

Yaourt mangue-passion au muesli Mélangez 500 g de yaourt grec, 50 g de sucre glace et 1 c. à s. de jus de citron vert. Pelez, dénoyautez et coupez 2 mangues en dés. Répartissez les dés de mangue dans 6 verres (contenance 200 ml), puis la moitié du yaourt. Poursuivez avec les graines et le jus de 2 fruits de la passion. Répartissez 75 g de muesli dessus et terminez avec le reste du yaourt et la pulpe de 1 fruit de la passion.

30 MINUTES

Tarte Tatin mangue-passion
Versez 50 g de sucre en poudre, 25 g de beurre doux et la pulpe de 2 fruits de la passion dans un moule de 23 cm de diamètre. Faites chauffer à feu doux, en remuant, jusqu'à ce que le beurre soit fondu et le sucre dissous. Laissez frémir 2 à 3 minutes pour obtenir un sirop. Disposez les tranches de 2 mangues sur le sirop. Prenez 1 disque de pâte feuilletée légèrement plus grand que le moule et posez-le sur les fruits en l'enfonçant sans forcer le long des parois pour laisser s'échapper la vapeur. Faites cuire 20 à 25 minutes dans un four préchauffé à 200 °C. Laissez refroidir quelques minutes dans le moule. Démoulez en retournant la tarte sur un plat de service. Faites couler sur les fruits le sirop qui serait resté au fond du plat.

Verrines de crème coco à la mangue

Pour 4 personnes

160 ml de crème de coco en conserve
250 g de fromage blanc maigre
50 g de sucre glace tamisé
2 c. à s. de noix de coco séchée
1 mangue mûre pelée, dénoyautée et coupée en petits dés

- Fouettez la crème de coco, le fromage blanc et le sucre glace. Répartissez le mélange dans 4 petits verres et placez au frais jusqu'au moment de servir.
- Pendant ce temps, faites légèrement dorer la noix de coco, en la faisant griller à sec dans une poêle. Laissez refroidir.
- Déposez les dés de mangue sur la crème, parsemez de noix de coco grillée, puis servez.

Mangue grillée à la noix de coco Avec un couteau tranchant, pelez 2 mangues, puis coupez la chair en tranches épaisses. Dans une poêle-gril bien chaude, faites cuire les tranches de mangues 5 minutes de chaque côté. Répartissez-les sur 4 assiettes. Arrosez avec le jus de 2 citrons verts. Taillez la pulpe de ½ noix de coco en minces copeaux et faites-les griller dans la poêle-gril 1 minute de chaque côté. Parsemez la mangue de copeaux de coco grillés.

Riz au lait de coco et mangue Versez 100 g de riz rond rincé, 3 c. à s. de sucre en poudre et 450 ml d'eau bouillante dans une casserole. Portez à ébullition. Réduisez le feu et laissez frémir 10 minutes à découvert. Ajoutez 400 ml de lait de coco et laissez mijoter encore 15 à 20 minutes, en remuant de temps en temps, jusqu'à ce que le riz soit fondant. Parsemez de dés de mangue, de noix de coco grillée, puis servez.

Tartelettes aux abricots

Pour 6 personnes

375 g de pâte feuilletée prête à l'emploi
175 g de pâte d'amandes coupée en morceaux grossiers
3 c. à s. de crème fraîche + un peu pour servir (facultatif)
9 abricots coupés en deux et dénoyautés
25 g d'amandes effilées

- Étalez la pâte et découpez 6 rectangles de 16 x 8 cm que vous poserez sur une plaque de cuisson. Avec un couteau tranchant, faites une entaille sur tout le tour, à 1 cm du bord. Piquez la pâte avec une fourchette. Placez au frais pendant que vous préparez la garniture.

- Mettez la pâte d'amandes et la crème fraîche dans un robot. Mixez jusqu'à obtention d'un mélange lisse.

- Étalez la préparation aux amandes sur les rectangles de pâte, jusqu'à l'entaille. Déposez 3 oreillons d'abricot sur chaque tartelette, côté coupé vers le haut. Parsemez d'amandes effilées. Faites cuire 12 à 13 minutes dans un four préchauffé à 200 °C. Servez chaud, avec de la crème fouettée, si vous le souhaitez.

Abricots grillés à la pâte d'amandes Coupez en deux et dénoyautez 12 abricots. Disposez les oreillons dans un plat à gratin, côté coupé vers le haut. Prenez 150 g de pâte d'amandes et façonnez 24 petites boulettes que vous déposerez au centre de chaque oreillon. Parsemez avec 3 c. à s. de sucre roux et 25 g d'amandes effilées. Faites cuire 5 à 6 minutes sous le gril du four préchauffé.

Tarte abricot-amande
Déposez 1 disque de pâte feuilletée (375 g) prête à l'emploi sur une grande plaque de cuisson. Saupoudrez la pâte avec 50 g de poudre d'amandes. Disposez environ 875 g d'abricots coupés en deux et dénoyautés sur toute la surface de la pâte. Saupoudrez avec 2 c. à s. de sucre roux. Faites cuire 20 à 25 minutes dans un four préchauffé à 200 °C, jusqu'à ce que le dessus soit doré.

10 MINUTES

Rhubarbe pochée sur brioche aux fruits

Pour 4 personnes

15 g de beurre doux
50 g de sucre roux
1 c. à c. de gingembre frais pelé et râpé
le zeste râpé et le jus de ½ orange
400 g de rhubarbe parée et taillée en tronçons de 12 cm de long
4 tranches épaisses (2,5 cm) de brioche aux fruits ou de panettone
glace à la vanille pour servir

- Mettez le beurre, le sucre, le gingembre, le zeste et le jus d'orange dans une grande poêle. Faites chauffer à feu doux jusqu'à ce que le sucre soit dissous. Posez les morceaux de rhubarbe dans la poêle, en une seule couche, et laissez mijoter 5 minutes. Tournez la rhubarbe et poursuivez la cuisson 2 à 3 minutes, jusqu'à ce qu'elle soit fondante.

- Pendant ce temps, faites légèrement griller les tranches de brioche. Posez 3 à 4 tronçons de rhubarbe sur chaque tranche de brioche et arrosez de sirop au gingembre. Servez aussitôt, avec de la glace à la vanille.

---

20 MINUTES

Trifles express à la rhubarbe

Mettez 450 g de morceaux de rhubarbe, 50 g de sucre en poudre et 1 c. à c. d'extrait de vanille dans une casserole. Couvrez et faites mijoter 5 à 7 minutes, jusqu'à ce que la rhubarbe soit fondante. Laissez refroidir légèrement. Garnissez le fond de 4 coupes avec 4 tranches de brioche ou de panettone. Versez la rhubarbe et le sirop sur la brioche. Répartissez 500 g de crème pâtissière à la vanille sur la rhubarbe. Fouettez 300 ml de crème fraîche dans un bol et étalez-la sur la crème pâtissière. Placez au frais jusqu'au moment de servir.

30 MINUTES

Petites tourtes à la rhubarbe

Mélangez 450 g de rhubarbe coupée en tronçons de 2,5 cm avec 75 g de sucre en poudre, 1 morceau de gingembre au sirop finement haché et le zeste râpé de 1 orange. Versez cette préparation dans 4 moules (contenance 250 ml). Nappez avec 200 g de crème pâtissière toute prête. Découpez 4 disques de pâte feuilletée légèrement plus grands que les moules et posez-les sur la garniture. Percez un trou au centre pour laisser s'échapper la vapeur et badigeonnez d'œuf battu. Posez les moules sur une plaque de cuisson et faites cuire 20 à 25 minutes dans un four préchauffé à 190 °C. Laissez reposer 5 minutes avant de servir.

30 MINUTES

Clafoutis aux cerises

Pour 4 personnes
beurre pour le moule
32 cerises dénoyautées fraîches ou en conserve
4 c. à s. de kirsch
3 c. à s. de sucre en poudre
25 g de farine ordinaire tamisée
4 œufs battus
100 ml de crème fraîche
6 c. à s. de lait
½ c. à c. d'extrait de vanille
sucre glace pour décorer (facultatif)

- Beurrez 4 ramequins (contenance 250 ml) et posez-les sur une plaque de cuisson. Répartissez les cerises dedans et arrosez avec le kirsch.
- Fouettez le sucre, la farine et les œufs avec un fouet électrique jusqu'à obtention d'un mélange léger et homogène. Incorporez la crème, le lait et l'extrait de vanille.
- Versez la pâte sur les cerises et faites cuire 20 à 25 minutes dans un four préchauffé à 190 °C, jusqu'à ce que la pâte ait pris. Saupoudrez de sucre glace et servez aussitôt.

10 MINUTES

Glace vanille aux cerises
Égouttez 425 g de cerises dénoyautées en conserve, réservez le jus. Dans un bol, mélangez 1 c. à s. de jus de cerise, 1 c. à s. de sucre en poudre et 2 c. à c. de fécule de maïs. Versez ce mélange et le reste de jus de cerise dans une poêle. Faites chauffer, en fouettant, jusqu'à épaississement. Ajoutez les cerises. Quand elles sont chaudes, ajoutez 3 c. à s. de kirsch réchauffé. Flambez pour faire s'évaporer l'alcool. Déposez 2 boules de glace à la vanille dans 4 verres. Répartissez les cerises sur la glace et servez.

20 MINUTES

Miniclafoutis cerise-amande
Beurrez un moule à minimuffins antiadhésif de 8 ou 12 alvéoles. Déposez 4 cerises dénoyautées dans chaque alvéole. Fouettez 2 c. à s. de sucre en poudre, 2 c. à s. de farine ordinaire, 2 œufs et 1 c. à c. d'extrait d'amande avec un fouet électrique. Incorporez 6 c. à s. de crème fraîche. Versez cette pâte sur les cerises. Parsemez de 2 c. à s. d'amandes effilées et faites cuire 12 à 15 minutes dans un four préchauffé à 200 °C. Servez 2 miniclafoutis par personne, avec 1 cuillerée de crème fouettée.

20 MINUTES

Trifles aux myrtilles

Pour 6 personnes

250 g de myrtilles
   + quelques-unes pour décorer
25 g de sucre en poudre
2 c. à s. de crème de cassis
   ou de crème de mûres
1 c. à s. d'eau
250 g de quatre-quarts
   coupé en cubes
500 g de crème pâtissière
   prête à l'emploi
300 ml de crème fraîche
25 g d'amandes effilées grillées

- Faites chauffer les myrtilles, le sucre, la crème de cassis et l'eau à feu doux, en remuant, jusqu'à ce que le sucre soit dissous. Poursuivez la cuisson 2 à 3 minutes, jusqu'à ce que les myrtilles commencent à éclater. Versez la préparation dans un bol et placez pour 10 minutes au frais.

- Répartissez les morceaux de quatre-quarts dans 6 verres. Ajoutez les myrtilles et leur jus, et poursuivez avec la crème pâtissière.

- Fouettez légèrement la crème fraîche, puis étalez-la sur la crème pâtissière. Décorez avec quelques myrtilles et des amandes grillées. Servez aussitôt ou placez au frais jusqu'au moment de servir.

---

10 MINUTES

Gaufres et sauce myrtille-citron Faites chauffer, à feu doux, en remuant, 250 g de myrtilles, le zeste râpé et le jus de 1 citron et 50 g de sucre en poudre. Quand le sucre est dissous, faites cuire 2 à 3 minutes, jusqu'à ce que les myrtilles éclatent. Faites légèrement griller 6 gaufres et mettez-les dans 6 coupelles. Déposez 1 boule de glace à la vanille dans chaque coupelle, arrosez avec la sauce chaude et servez.

30 MINUTES

Trifle aux myrtilles et vinaigre balsamique Faites chauffer 250 g de myrtilles à feu doux, avec 2 c. à s. de sucre, 2 c. à c. de vinaigre balsamique et 1 c. à s. d'eau, pendant 3 à 4 minutes. Quand les myrtilles éclatent, versez le mélange dans un bol et placez 10 minutes au frais. Émiettez 2 muffins aux myrtilles dans le fond d'un saladier. Versez les myrtilles sur les muffins et laissez imbiber. Mélangez 25 g de sucre roux, 2 c. à c. de crème pâtissière en poudre, 2 c. à c. de fécule de maïs et 1 c. à s. de lait jusqu'à obtention d'une pâte. Avec un fouet, incorporez 1 jaune d'œuf. Dans une casserole, faites chauffer 325 ml de lait et 1 c. à c. d'extrait de vanille. Aux premiers frémissements, incorporez le lait à la préparation précédente. Reversez le tout dans une casserole propre et faites épaissir à feu moyen, en fouettant. Hors du feu, incorporez 200 ml de crème fraîche allégée et lissez le mélange. Reversez le tout dans un bol, couvrez de film alimentaire pour empêcher la formation d'une peau et placez au frais. Versez la crème refroidie sur les myrtilles. Fouettez 400 ml de crème fraîche avec un fouet électrique et étalez-la sur la crème pâtissière. Servez aussitôt ou placez au frais jusqu'au moment de servir.

30 MINUTES

Fausse tourte aux abricots et aux myrtilles

Pour 4 personnes

12 abricots mûrs, coupés en deux et dénoyautés
150 g de myrtilles
2 c. à s. de sucre roux
175 g de farine à levure incorporée
+ un peu pour le plan de travail
50 g de beurre doux coupé en petits dés
50 g de sucre en poudre
125 ml de lait fermenté
lait pour la dorure

- Mettez les abricots et les myrtilles dans un plat à gratin (contenance 750 ml). Saupoudrez de cassonade.
- Versez la farine dans un saladier. Ajoutez le beurre et travaillez le mélange du bout des doigts jusqu'à obtention d'un sable grossier. Ajoutez le sucre, puis incorporez progressivement le lait fermenté, jusqu'à ce que la pâte soit souple et légèrement collante.
- Posez la pâte sur un plan de travail fariné et aplatissez-la jusqu'à 1 cm d'épaisseur. Découpez 8 disques de 6 cm de diamètre avec un emporte-pièce.
- Disposez les disques de pâte sur les fruits, puis badigeonnez-les avec du lait. Faites cuire 20 minutes dans un four préchauffé à 180 °C, jusqu'à ce que la pâte soit dorée. Servez aussitôt.

Compote abricot-myrtille

Faites chauffer à feu doux 8 abricots coupés en deux et dénoyautés, 150 g de myrtilles, 2 c. à s. de sucre roux et 1 c. à s. d'eau pendant 5 à 7 minutes. Remuez de temps en temps jusqu'à ce que les myrtilles commencent à éclater et que les abricots soient fondants. Servez cette compote avec du yaourt grec et un filet de miel liquide.

Crumble express abricot-myrtille Mélangez 150 g de myrtilles, 2 bocaux (environ 800 g) d'oreillons au sirop égouttés et 2 c. à s. de sucre roux. Répartissez ce mélange dans 4 moules individuels. Malaxez 150 g de farine, 50 g de sucre en poudre et 50 g de beurre. Recouvrez les fruits avec ce crumble. Enfournez les moules sur une plaque de cuisson pour 15 minutes dans un four préchauffé à 190 °C.

Crumble express aux prunes

Pour 6 personnes
1 kg de prunes mûres (environ 9 à 10 prunes, selon la taille) coupées en deux et dénoyautées
1 c. à c. d'extrait de vanille
2 c. à s. de sucre roux
crème anglaise pour servir (facultatif)

Pour la garniture
150 g de beurre doux
150 ml de golden syrup ou de miel liquide
½ c. à c. de sel
200 g de flocons d'avoine
25 g d'amandes effilées

- Préparez la garniture en faisant fondre le beurre à feu doux, avec le golden syrup et le sel. Hors du feu, ajoutez les flocons d'avoine et les amandes.
- Pendant ce temps, coupez les prunes en quartiers et disposez-les dans un plat à gratin. Parsemez de sucre et arrosez avec l'extrait de vanille.
- Étalez la garniture sur les fruits, en laissant quelques prunes dépasser. Faites cuire 25 minutes dans un four préchauffé à 190 °C, jusqu'à ce que la garniture soit dorée et les prunes fondantes. Servez avec de la crème anglaise, si vous le souhaitez.

10 MINUTES

Muesli au yaourt et aux prunes
Dénoyautez et coupez en morceaux 12 prunes. Répartissez-les dans 6 verres et couvrez de 300 g de muesli. Déposez 50 g de yaourt à la vanille dans chaque verre et servez aussitôt.

20 MINUTES

Minicrumbles aux prunes
Répartissez 2 bocaux de prunes au sirop (environ 1 kg) égouttées dans 6 ramequins. Coupez les plus grosses prunes en deux. Arrosez chaque ramequin de 4 c. à s. de sirop. Préparez le crumble comme ci-dessus et répartissez-le sur les fruits. Enfournez les ramequins sur une plaque de cuisson pour 10 à 12 minutes dans un four préchauffé à 190 °C.

30 MINUTES

Tartelettes croustillantes aux pommes

Pour 6 à 8 personnes

650 g de pommes à cuire (type reinettes) pelées et coupées en dés de 1 cm
100 g de sucre roux
le zeste râpé et le jus de ½ citron
½ c. à c. de cannelle en poudre
50 g de raisins secs
200 g de pâte filo
50 g de beurre doux fondu
sucre glace pour décorer
glace à la vanille
   ou crème liquide
   pour servir (facultatif)

- Faites cuire les pommes 5 minutes à feu doux, avec le sucre, le zeste et le jus de citron, la cannelle et les raisins secs, en remuant. Les pommes doivent être fondantes. Retirez du feu.

- Coupez la pâte en 32 carrés de 14 cm de côté (ne jetez pas les chutes) et recouvrez-la avec un torchon humide. Badigeonnez 1 carré de pâte de beurre fondu. Posez un autre carré sur le premier, en le décalant de manière à former une étoile. Posez encore 2 autres carrés, en les décalant et en les enduisant de beurre. Enfoncez l'assemblage obtenu dans un alvéole d'un moule à muffins antiadhésif de 12 alvéoles. Répétez l'opération avec le reste de la pâte pour garnir 8 alvéoles.

- Répartissez la préparation aux pommes dans les alvéoles. Badigeonnez les chutes de pâte avec du beurre fondu et répartissez-les sur les pommes en les déchiquetant. Faites cuire 15 minutes dans un four préchauffé à 190 °C. Proposez 1 ou 2 tartelettes par personne. Saupoudrez de sucre glace et servez avec de la glace à la vanille ou de la crème liquide.

10 MINUTES

Compote pomme-mûre

Faites fondre 50 g de beurre dans une casserole. Ajoutez 50 g de sucre, 550 g de pommes coupées en dés et 2 c. à s. de calvados ou de jus de pomme. Faites cuire 4 à 5 minutes en remuant, jusqu'à ce que les pommes soient fondantes. Ajoutez 225 g de mûres et poursuivez la cuisson 3 à 4 minutes, jusqu'à ce qu'elles commencent à libérer leur jus. Servez cette compote avec de la glace à la vanille.

20 MINUTES

Pommes au four Pelez 6 petites pommes à cuire et retirez le centre avec un vide-pomme. Coupez chacune en 4 anneaux épais que vous disposerez dans un plat à gratin beurré. Mélangez dans un bol ½ c. à c. de cannelle moulue, ½ c. à c. de gingembre moulu, 3 c. à s. de miel et 150 g de raisins secs. Répartissez ce mélange au centre des anneaux. Versez 4 c. à s. d'eau dans le plat et faites cuire 15 minutes dans un four préchauffé à 200 °C.

30 MINUTES

Crumbles rhubarbe-orange-amande

Pour 4 personnes

400 g de rhubarbe parée, coupée en tronçons de 2,5 cm de long
75 g de sucre en poudre
le jus de 1 petite orange

Pour la garniture

125 g de farine ordinaire
75 g de beurre doux coupé en petits dés
4 c. à s. de sucre en poudre
4 c. à s. de poudre d'amandes
le zeste râpé de 1 petite orange

- Mettez la rhubarbe, le sucre et le jus d'orange dans un saladier. Remuez soigneusement.
- Préparez la garniture en travaillant du bout des doigts ou dans un robot la farine et le beurre jusqu'à obtention d'un sable grossier. Ajoutez le sucre, les amandes et le zeste d'orange.
- Versez la rhubarbe et le jus dans 4 ramequins (contenance 250 ml). Répartissez la garniture sur la rhubarbe et tassez légèrement.
- Posez les ramequins sur une plaque de cuisson et faites cuire 20 à 25 minutes dans un four préchauffé à 190 °C, jusqu'à ce que le dessus soit doré.

10 MINUTES

Compote express rhubarbe-orange Mettez 400 g de rhubarbe préparée comme ci-dessus, le zeste râpé et le jus de 1 petite orange et 2 c. à s. de sucre en poudre dans une casserole. Couvrez et faites mijoter 5 à 7 minutes, jusqu'à ce que la rhubarbe soit fondante. Servez cette compote chaude, sur de la glace à la vanille.

20 MINUTES

Crèmes rhubarbe-orange
Faites fondre 400 g de rhubarbe coupée en tronçons de 2,5 cm, 75 g de sucre en poudre, le zeste râpé de ½ orange et 1 c. à s. de jus d'orange pendant 8 à 10 minutes. Laissez refroidir légèrement, puis versez le tout dans un blender, avec 225 g de crème pâtissière toute faite. Mixez jusqu'à obtention d'un mélange homogène. Répartissez la crème dans 4 verres et placez au frais jusqu'au moment de servir. Parsemez d'amandes effilées grillées.

30 MINUTES

Moelleux orange-canneberge

Pour 4 personnes

100 g de beurre doux ramolli
+ une noisette pour les moules
le zeste râpé de ½ petite orange
100 g de sucre en poudre
1 c. à s. de golden syrup
ou de miel liquide
2 œufs
125 g de farine à levure
incorporée, tamisée
75 g de canneberges séchées
crème fouettée pour servir

Pour la sauce

3 c. à s. de marmelade d'oranges
1 c. à s. de gelée de canneberge
ou de groseille
2 c. à s. de jus d'orange

- Préparez la sauce en faisant chauffer les ingrédients à feu doux jusqu'à ce que la marmelade et la gelée soient fluides. Portez à ébullition, puis réduisez le feu et laissez mijoter 5 minutes à feu doux, jusqu'à obtention d'un sirop épais.

- Pendant ce temps, beurrez 4 ramequins ou moules à puddings en métal (contenance 200 ml). Chemisez le fond de papier sulfurisé. Posez les moules sur une plaque de cuisson et versez-y la sauce.

- Fouettez le beurre, le zeste d'orange, le sucre et le golden syrup jusqu'à obtention d'un mélange léger. Incorporez 1 œuf à la fois, puis ajoutez délicatement la farine et les canneberges.

- Répartissez cette pâte dans les moules et faites cuire 20 minutes dans un four préchauffé à 190 °C, jusqu'à ce que les gâteaux soient gonflés et fermes.

- Retournez les moules sur les assiettes et servez, avec de la crème fouettée.

10 MINUTES

Coulis orange-canneberge
Faites chauffer 125 g de sucre et 150 ml de jus d'orange frais à feu doux, en remuant. Quand le sucre est dissous, ajoutez 250 g de canneberges et poursuivez la cuisson à feu doux pendant 7 à 8 minutes, jusqu'à ce que les fruits éclatent. Mixez la préparation dans un robot ou un blender, puis passez-la au tamis. Délicieux avec du yaourt.

20 MINUTES

Petits gâteaux orange-canneberge Faites fondre 15 g de beurre dans une poêle, puis ajoutez 25 g de sucre en poudre et 100 g de canneberges. Faites cuire 2 à 3 minutes, jusqu'à ce que le mélange devienne sirupeux. Versez la préparation dans 4 alvéoles beurrés d'un moule à muffins antiadhésif de 6 alvéoles. Travaillez au robot 75 g de farine à levure incorporée, 75 g de sucre en poudre, 75 g de beurre doux ramolli, le zeste râpé de 1 orange et 1 œuf. Versez la pâte dans les alvéoles et faites cuire 12 à 15 minutes dans un four préchauffé à 180 °C. Retournez les moules sur les assiettes et servez chaud.

30 MINUTES

Petits moelleux à l'ananas

Pour 4 personnes
25 g de beurre doux
50 g de sucre roux
4 rondelles d'ananas au sirop, en conserve
4 cerises confites

Pour la pâte
100 g de beurre doux ramolli + une noisette pour les moules
100 g de sucre en poudre
2 œufs
175 g de farine à levure incorporée
¼ de c. à c. de quatre-épices

- Beurrez légèrement 4 ramequins ou moules à puddings en métal (contenance 200 ml) et posez-les sur une plaque de cuisson.

- Faites fondre le beurre dans une petite casserole, puis ajoutez le sucre et faites chauffer jusqu'à dissolution. Versez ce mélange dans les moules. Posez une rondelle d'ananas dans le fond de chaque moule, avec une cerise au centre.

- Préparez la pâte, en fouettant le beurre et le sucre avec un fouet électrique. Incorporez les œufs. Ajoutez la farine et le quatre-épices.

- Versez la pâte dans les moules et lissez la surface. Faites cuire 20 minutes dans un four préchauffé à 180 °C, jusqu'à ce que les gâteaux soient gonflés et fermes au toucher. Laissez refroidir quelques minutes dans les moules.

- Retournez les moules sur les assiettes et servez aussitôt.

Tranches d'ananas grillées à la cannelle Coupez les deux extrémités d'un ananas. Maintenez l'ananas fermement avec une main et retirez la peau avec un couteau, de haut en bas. Retirez les « yeux », puis coupez des tranches de 1 cm d'épaisseur. Retirez la partie centrale dure avec un vide-pomme. Dans une assiette, mélangez 3 c. à s. de sucre roux et 1 c. à c. de cannelle moulue. Trempez les tranches d'ananas dans 50 g de beurre doux fondu, puis tournez-les dans le sucre à la cannelle. Posez les tranches sur une plaque de cuisson et faites caraméliser 3 à 4 minutes sous le gril du four.

Ananas au sirop parfumé
Dans une petite casserole, mettez 100 g de sucre, 2,5 cm de gingembre frais râpé, 1 bâton de cannelle et 200 ml d'eau. Faites chauffer jusqu'à ce que le mélange frémisse, en remuant, pour dissoudre le sucre. Hors du feu, ajoutez le jus de 1 citron. Retirez la peau de 1 ananas, puis coupez la chair, dans la longueur, en quartiers. Retirez la partie centrale dure, puis taillez des tranches épaisses. Arrosez les morceaux d'ananas avec le sirop chaud. Laissez refroidir 15 minutes.

Tartelettes passion-fraise

Pour 6 personnes
200 g de pâte filo
1 c. à s. d'huile de tournesol
150 g de mascarpone
1 c. à s. de sucre glace
   + quelques pincées
   pour décorer
2 fruits de la passion
100 g de fraises équeutées
   et coupées en tranches

- Coupez la pâte en 24 carrés de 12 cm de côté, puis recouvrez-la avec un torchon humide. Badigeonnez un carré de pâte avec un peu d'huile de tournesol. Posez un autre carré sur le premier, en le décalant de manière à former une étoile. Posez encore 2 autres carrés enduits d'huile, en les décalant. Enfoncez l'assemblage obtenu dans un alvéole d'un moule à muffins antiadhésif de 6 alvéoles. Répétez l'opération avec le reste de la pâte pour garnir les 6 alvéoles.

- Faites dorer 5 minutes dans un four préchauffé à 180 °C. Démoulez et laissez refroidir sur une grille.

- Pendant ce temps, fouettez le mascarpone et le sucre glace. Ajoutez la pulpe des fruits de la passion. Remuez, puis répartissez cette préparation dans les caissettes de pâte filo.

- Décorez avec les fraises et saupoudrez de sucre glace. Servez aussitôt.

Tartelettes chaudes aux fruits de la passion Faites chauffer 125 ml de pulpe de fruits de la passion (soit environ 5 fruits) et 100 g de beurre à feu doux, en remuant. Quand le beurre a fondu, incorporez en fouettant 75 g de sucre, 1 œuf et 3 jaunes d'œufs, et poursuivez la cuisson, en remuant, pendant 5 à 6 minutes, jusqu'à épaississement. Versez cette crème dans 6 fonds de tartelettes de 8 cm de diamètre et servez chaud, avec des lamelles de fraises.

Gâteau sablé aux fruits de la passion et au mascarpone Travaillez du bout des doigts 250 g de farine à levure incorporée et 50 g de beurre doux coupés en petits dés, jusqu'à obtention d'un sable grossier. Incorporez 50 g de sucre et 125 à 150 ml de lait. Mélangez jusqu'à obtention d'une pâte souple. Posez la pâte sur un plan de travail fariné et pétrissez-la jusqu'à ce qu'elle soit lisse. Abaissez la pâte au rouleau et posez le disque obtenu dans le fond d'un moule à fond amovible beurré de 20 cm de diamètre. Faites cuire 15 à 20 minutes dans un four préchauffé à 200 °C, jusqu'à ce que le gâteau soit ferme au toucher, gonflé et doré. Laissez refroidir 5 minutes avant de démouler sur une grille. Préparez la crème au mascarpone comme ci-dessus et nappez-en le gâteau sablé. Décorez avec des lamelles de fraises.

Tarte feuilletée aux nectarines et aux amandes

30 MINUTES

Pour 4 à 6 personnes
500 g de pâte feuilletée
  pur beurre prête à l'emploi
farine pour le plan de travail
4 c. à s. de poudre d'amandes
6 nectarines mûres dénoyautées
  et coupées en quatre
1 œuf battu
2 c. à s. de cassonade
2 c. à s. d'amandes effilées
sucre glace pour décorer
crème épaisse pour servir

- Abaissez la pâte au rouleau, sur un plan de travail fariné, en un disque d'environ 30 cm de diamètre. Parsemez de poudre d'amandes, puis disposez les nectarines au milieu.

- Badigeonnez la pâte avec un peu d'œuf battu, puis ramenez-la vers le centre, sans recouvrir les fruits, en la pressant entre les doigts. Badigeonnez de nouveau avec l'œuf. Saupoudrez de cassonade et parsemez d'amandes effilées.

- Faites cuire 20 à 25 minutes dans un four préchauffé à 200 °C, jusqu'à ce que la pâte soit dorée.

- Saupoudrez la tarte chaude de sucre glace et servez, avec de la crème fraîche épaisse.

10 MINUTES

Sablés aux nectarines et crème aux noisettes Fouettez 150 ml de crème fraîche avec un fouet électrique jusqu'à ce que des pointes souples se forment. Incorporez 25 g de noisettes grillées hachées. Nappez 8 à 12 biscuits sablés avec ce mélange. Coupez en deux, dénoyautez et tranchez 2 nectarines. Disposez les tranches de fruits sur la crème et servez aussitôt.

20 MINUTES

Nectarines rôties aux pistaches et aux amandes Coupez en deux et dénoyautez 4 nectarines mûres à point. Disposez-les dans un plat à gratin beurré, côté coupé vers le haut. Dans un robot, broyez 50 g de pistaches décortiquées, 75 g de macarons et 25 g de sucre roux. Ajoutez 50 g de beurre doux ramolli et 50 g de pâte d'amandes, et mixez jusqu'à obtention d'une pâte. Déposez 1 cuillerée de ce mélange au centre de chaque nectarine et arrosez avec 2 c. à s. d'amaretto. Parsemez de 2 c. à s. d'amandes effilées et faites dorer 15 minutes au four, à 200 °C.

20 MINUTES

Tartelettes Tatin rhubarbe-gingembre

Pour 4 personnes

4 tiges de rhubarbe parées, coupées en tronçons de 2,5 cm
25 g de beurre doux
2 morceaux de gingembre confit au sirop, finement haché
4 c. à s. de sirop de gingembre confit (prélevées dans le bocal)
375 g de pâte feuilletée prête à l'emploi
glace à la vanille ou crème fleurette pour servir (facultatif)

- Répartissez la rhubarbe dans 4 moules à tartelettes de 10 cm de diamètre. Mettez le beurre, le gingembre et le sirop dans une petite casserole, et portez à ébullition. Arrosez la rhubarbe avec ce mélange.

- Découpez des disques de pâte feuilletée, légèrement plus grands que les moules. Posez les disques sur les fruits, en les enfonçant lâchement le long des parois pour laisser s'échapper la vapeur.

- Faites cuire 10 à 12 minutes dans un four préchauffé à 200 °C, jusqu'à ce que la pâte soit gonflée et dorée. Laissez refroidir quelques minutes dans les moules.

- Démoulez en retournant les tartelettes sur des assiettes. Faites couler sur la rhubarbe le sirop qui resterait au fond des moules. Servez aussitôt, avec de la glace à la vanille ou de la crème fleurette.

10 MINUTES

Compote rhubarbe-gingembre Dans une casserole, faites fondre 450 g de rhubarbe coupée en tronçons de 2,5 cm, avec 2 morceaux de gingembre confit au sirop hachés, 2 c. à s. de sirop de gingembre et 1 c. à s. de sucre, pendant 7 à 10 minutes, à feu doux, à couvert. Servez chaud, avec du yaourt grec.

30 MINUTES

Petits crumbles rhubarbe-gingembre Mettez 700 g de rhubarbe préparée comme ci-dessus dans un récipient, avec 2 morceaux de gingembre confit au sirop, finement hachés, 2 c. à s. de sirop de gingembre et 25 g de sucre. Remuez et répartissez ce mélange dans 4 ramequins (contenance 250 ml). Versez 175 g de farine ordinaire dans un saladier, avec 50 g de flocons d'avoine, 100 g de beurre doux coupé en petits dés, et travaillez du bout des doigts en un sable grossier (vous pouvez aussi utiliser un robot). Incorporez 50 g de sucre et versez ce mélange sur la rhubarbe. Posez les ramequins sur une plaque de cuisson et faites cuire 20 à 25 minutes dans un four préchauffé à 180 °C.

Charlotte aux mûres déstructurée

30 MINUTES

Pour 4 personnes
500 g de mûres
150 g de sucre en poudre
1 c. à c. d'extrait de vanille
8 tranches fines de pain de mie
25 g de beurre doux ramolli
crème anglaise pour servir (facultatif)

- Versez les mûres dans un plat à gratin. Ajoutez le sucre et la vanille.
- Coupez les croûtes du pain, beurrez les tranches sur les 2 faces, puis coupez-les en deux, dans la diagonale. Posez les triangles sur les mûres, en les faisant se chevaucher.
- Faites cuire 20 à 25 minutes dans un four préchauffé à 190 °C, jusqu'à ce que le pain soit doré et croustillant. Servez avec de la crème anglaise, si vous le souhaitez.

Compote de mûres Faites chauffer à feu doux 450 g de mûres, 125 g de sucre et 3 c. à s. de crème de cassis, en remuant de temps en temps, jusqu'à ce que le sucre soit dissous. Laissez mijoter 4 à 5 minutes pour que les mûres ramollissent et commencent à libérer leur jus. Délicieux avec de la glace à la vanille.

Minicharlottes aux mûres Faites cuire 400 g de mûres et 150 g de sucre à feu doux, pendant 2 à 3 minutes, jusqu'à ce que les fruits commencent à se décomposer. Coupez les croûtes de 12 tranches de pain de mie. Avec un emporte-pièce, découpez 4 disques pour garnir le fond de 4 petits moules à puddings, et 4 disques un peu plus grands pour le dessus. Taillez le pain restant en bandelettes. Trempez chaque morceau de pain dans 125 g de beurre fondu et tapissez-en le fond et les parois des moules. Versez les mûres et leur jus dans les moules et refermez les charlottes avec un disque de pain. Posez les moules sur une plaque de cuisson et faites cuire 8 à 10 minutes à 200 °C, jusqu'à ce que le dessus soit doré. Laissez refroidir quelques minutes avant de retourner les charlottes dans des bols. Servez, avec de la crème anglaise.

30 MINUTES

Petits cheesecakes au cassis

Pour 6 personnes

100 g de biscuits sablés écrasés
50 g de beurre doux fondu
130 g de gelée de cassis coupée en petits dés
100 ml d'eau bouillante
100 ml de lait concentré froid
100 g de fromage frais
75 g de cassis surgelé
quelques baies de cassis fraîches pour décorer

- Mélangez les biscuits émiettés et le beurre. Tassez ce mélange dans le fond de 6 moules à tartelettes à fond amovible, de 8 cm de diamètre. Placez au frais pendant que vous préparez la garniture.

- Mélangez la gelée et l'eau bouillante jusqu'à ce que la gelée soit complètement dissoute.

- Fouettez le lait concentré dans un saladier avec un fouet électrique jusqu'à ce qu'il ait doublé de volume. Sans cesser de fouetter, ajoutez le fromage frais jusqu'à obtention d'un mélange lisse. Incorporez la gelée. Ajoutez enfin les baies de cassis et remuez soigneusement.

- Répartissez cette préparation dans les moules et laissez prendre 15 minutes au réfrigérateur. Décorez avec quelques baies fraîches.

10 MINUTES

Coulis de cassis Mixez 225 g de baies de cassis et 75 g de sucre en poudre dans un robot ou un blender jusqu'à obtention d'un mélange lisse. Passez cette purée au tamis. Délicieux avec de la crème glacée.

20 MINUTES

Crèmes parfumées au cassis Faites dissoudre 135 g de gelée de cassis dans 100 ml d'eau bouillante. Remuez jusqu'à dissolution complète. Fouettez 400 g de lait concentré dans un saladier avec un fouet électrique jusqu'à ce qu'il ait doublé de volume. Incorporez la gelée, sans cesser de fouetter. Ajoutez 100 g de baies de cassis surgelées, en remuant, jusqu'à ce qu'elles commencent à libérer leur jus. Répartissez cette crème dans 6 verres. Faites prendre 10 minutes au frais.

Divin chocolat

Recettes par temps de préparation

30 MINUTES

Pudding fondant chocolat-caramel	78
Cerises au chocolat et au marsala	80
Bol en chocolat	82
Gâteau chocolat-mandarine	84
Carrés gourmands chocolat-espresso	86
Gâteau au chocolat blanc et aux myrtilles	88
Florentins chocolat-griotte	90
Blinis au chocolat, ganache au chocolat blanc	92
Tarte chocolat-orange	94
Risotto au chocolat et tuiles aux pistaches	96
Poires pochées au romarin et sauce au chocolat	98
Pudding chaud chocolat-piment	100
Crêpes au chocolat	102
Mousse au chocolat blanc, citronnelle et cardamome	104
Sucettes glacées au chocolat	106
Cheesecake au chocolat blanc et aux fraises	108
Tarte chocolat-cerises	110
Fondant aux épices et sauce au chocolat	112
Tarte chocolat-gingembre	114
Soufflés chocolat-pistache	116
Tarte briochée abricot-chocolat	118
Pudding au chocolat et aux fruits secs	120
Gâteau fondant chocolat-pruneau	122
Mousse au chocolat et rayon de miel	124

20 MINUTES

Sundaes fraise-chocolat	78
Brownies chocolat-cerise	80
Fondue au chocolat	82
Crèmes chocolat-mandarine	84
Petites crèmes chocolat-café	86
Petits paniers de crème au chocolat blanc	88
Petits moelleux au chocolat et aux griottes	90
Blinis au chocolat	92
Petits fondants chocolat-orange	94
Risotto au chocolat	96
Crumbles poire-chocolat	98
Chimichangas banane-chocolat	100
Clafoutis chocolat-framboise	102
Tarte au chocolat blanc	104
Cornets au chocolat	106
Cheesecakes individuels au chocolat blanc et aux fraises	108
Trifle chocolat-cerise	110

10 MINUTES

Puddings au chocolat fondant — 112	Sauce chocolat-caramel — 78	Desserts chocolat-cerise — 110
Mousses chocolat-gingembre — 114	Coupe glacée chocolat-cerise — 80	Sauce chocolat express aux épices — 112
Fondants chocolat-pistache — 116	Fondue au chocolat blanc — 82	Sauce chocolat-gingembre — 114
Brioche au chocolat et abricots caramélisés — 118	Verrines façon cheesecake chocolat-mandarine — 84	Glace pistache-chocolat — 116
Petits puddings chocolat-orange — 120	Sauce chocolat-café — 86	Toasts aux abricots, sauce au chocolat — 118
Barres chocolatées aux pruneaux — 122	Paniers de myrtilles, sauce au chocolat blanc — 88	Pain perdu chocolat-cannelle — 120
Petits pots express au chocolat croustillant — 124	Brownies chocolat-griotte, glace à la vanille — 90	Pruneaux au chocolat — 122
	Blinis express, sauce au chocolat — 92	Coupes glacées au chocolat croustillant — 124
	Sauce au chocolat et à la liqueur d'orange — 94	
	Riz au lait express chocolat-orange — 96	
	Poires et sauce au chocolat — 98	
	Sauce chocolat-piment — 100	
	Crêpes et sauce au chocolat praliné — 102	
	Sauce express au chocolat blanc — 104	
	Gaufrettes glacées au chocolat — 106	
	Fraises et sauce au chocolat blanc — 108	

10 MINUTES Sauce chocolat-caramel

Pour 6 personnes

200 ml de crème fraîche
150 g de sucre roux
25 g de beurre doux
4 c. à s. de golden syrup
 ou de miel liquide
125 ml de lait
200 g de chocolat noir
 à 70 % de cacao
 coupé en petits morceaux
crème glacée pour servir

- Faites chauffer la crème à feu doux, dans une casserole à fond épais, avec le sucre, le beurre, le golden syrup et le lait. Quand le sucre est dissous et le beurre fondu, portez à ébullition et faites bouillir 5 minutes, en remuant constamment, jusqu'à obtention d'une sauce épaisse et lisse.
- Hors du feu, ajoutez le chocolat et remuez jusqu'à ce qu'il soit fondu. Laissez refroidir légèrement, puis versez sur la crème glacée.

Sundaes fraise-chocolat

Préparez la sauce comme ci-dessus. Émiettez 3 muffins au chocolat. Répartissez-en la moitié dans 6 grandes coupes. Déposez 1 boule de glace à la fraise dans chaque coupe. Poursuivez avec 3 fraises équeutées et coupées en deux. Arrosez avec 2 c. à s. de sauce chocolat-caramel par coupe. Répétez les couches, en finissant par la sauce. Décorez chaque sundae avec 1 fraise, puis servez.

Pudding fondant chocolat-caramel Préparez la sauce comme ci-dessus. Découpez une génoise au chocolat toute faite en tranches de 1 cm et tapissez-en le fond d'un plat à gratin (contenance 900 ml). Arrosez le gâteau avec 250 ml de sauce chocolat-caramel. Faites cuire 20 minutes dans un four préchauffé à 180 °C, jusqu'à ce que la sauce bouillonne.

10 MINUTES

Coupe glacée chocolat-cerise

Pour 4 personnes

450 g de cerises
  coupées en deux
  et dénoyautées
4 c. à s. de kirsch
  ou de sirop de cerise
500 g de glace à la vanille
2 muffins au chocolat
  cassés en gros morceaux
100 ml de sauce au chocolat
  prête à l'emploi
300 ml de crème fleurette

Pour décorer

4 cerises avec leur tige
copeaux de chocolat

- Mettez quelques cerises dans le fond de 4 coupes à dessert. Arrosez avec 1 cuillerée à soupe de kirsch ou de sirop de cerise. Déposez 1 boule de glace à la vanille dans chaque coupe. Répartissez la moitié des morceaux de muffins et arrosez avec 1 cuillerée à soupe de sauce au chocolat.

- Refaites une couche de cerises, de glace, de muffins et de sauce au chocolat. Finissez par une couche de cerises.

- Fouettez la crème fleurette avec un fouet électrique. Déposez 1 cuillerée de crème fouettée au sommet de chaque coupe glacée. Décorez avec 1 cerise et des copeaux de chocolat. Servez aussitôt, avec des cuillères à long manche.

20 MINUTES

Brownies chocolat-cerise

Coupez 4 brownies au chocolat en deux, dans l'épaisseur. Fouettez légèrement 300 ml de crème fraîche avec un fouet électrique. Répartissez la moitié de la crème fouettée sur 4 tranches de brownies. Déposez sur chaque tranche, 3 cerises à l'eau-de-vie. Posez les 4 tranches de brownies restantes sur les premières, en pressant légèrement. Étalez le reste de la crème fouettée sur le dessus. Poursuivez avec 3 cerises à l'eau-de-vie et un filet de kirsch. Placez pour 10 minutes au frais avant de servir pour que les parfums se mélangent.

30 MINUTES

Cerises au chocolat et au marsala Répartissez 400 g de cerises dénoyautées dans 4 verres. Fouettez 4 gros jaunes d'œufs, 25 g de cacao en poudre et 75 g de sucre avec un fouet électrique jusqu'à obtention d'un mélange épais et crémeux. Déposez le récipient au-dessus d'une casserole d'eau frémissante et incorporez progressivement 100 ml de marsala. Continuez à fouetter 10 minutes, jusqu'à épaississement. Hors du feu, fouettez encore quelques minutes. Versez sur les cerises et servez aussitôt.

20 MINUTES

Fondue au chocolat

Pour 6 personnes

75 g de chocolat blanc
coupé en petits morceaux
75 g de chocolat noir
coupé en petits morceaux
400 g de fraises non équeutées
125 g de cerises avec les tiges
125 g de physalis

- Faites fondre les 2 chocolats séparément, au bain-marie, puis laissez refroidir légèrement.

- Posez une feuille de papier sulfurisé sur une plaque de cuisson. Trempez une partie des fruits dans le chocolat noir, jusqu'à mi-hauteur, en laissant s'égoutter le surplus, puis mettez-les sur la plaque. Trempez le reste des fruits dans le chocolat blanc. Placez pour 10 à 15 minutes au frais pour que le chocolat durcisse.

10 MINUTES

Fondue au chocolat blanc
Faites chauffer au bain-marie 200 g de chocolat blanc coupé en petits morceaux, 150 ml de crème fraîche, 50 g de beurre coupé en petits dés et 1 c. à c. d'extrait de vanille. Faites chauffer 5 à 7 minutes, en remuant de temps en temps, jusqu'à obtention d'un mélange lisse et satiné. Versez cette sauce dans un bol chaud et servez aussitôt, avec 400 g de fraises non équeutées, 125 g de cerises avec les tiges et 1 grosse banane coupée en rondelles.

30 MINUTES

Bol en chocolat Faites fondre au bain-marie 225 g de chocolat noir coupé en petits morceaux. Pendant ce temps, superposez 2 carrés de papier d'aluminium, de 28 cm de côté. Ourlez les bords pour solidariser les feuilles. Posez l'aluminium sur un moule à pudding (contenance 600 ml) retourné. Moulez-le sur le moule, en lissant bien pour supprimer les plis. Détachez soigneusement l'aluminium du moule et aplatissez légèrement le fond. Avec une cuillère, étalez le chocolat fondu à l'intérieur du bol en aluminium, en finissant par un bord irrégulier. Laissez raffermir 10 minutes au congélateur, puis placez pour 10 minutes au frais. Juste avant de servir, retirez l'aluminium délicatement, mais avec des gestes rapides. Remplissez le bol en chocolat de 400 g de fraises non équeutées, de 125 g de cerises avec les tiges et de 125 g de physalis.

Verrines façon cheesecake chocolat-mandarine

Pour 4 personnes

300 g de mandarines en conserve
1 c. à s. de sucre en poudre
75 g de chocolat au lait coupé en petits morceaux
4 biscuits sablés émiettés
150 g de fromage blanc
125 ml de crème fraîche

- Égouttez les mandarines en réservant 100 ml de jus. Faites mijoter le jus avec le sucre pendant 3 à 4 minutes. Laissez refroidir.

- Pendant ce temps, faites fondre le chocolat au bain-marie, puis laissez refroidir. Répartissez les biscuits émiettés dans 4 verrines (contenance 150 ml).

- Fouettez ensemble le fromage blanc et la crème fraîche, puis incorporez le chocolat fondu. Répartissez cette préparation dans les verres.

- Finissez avec les quartiers de mandarine, puis arrosez avec le sirop refroidi. Servez aussitôt.

Crèmes chocolat-mandarine

Faites fondre 125 g de chocolat noir ou de chocolat noir parfumé à l'orange au bain-marie, puis laissez refroidir. Versez 300 ml de crème pâtissière toute faite dans un récipient, puis incorporez le chocolat fondu. Égouttez 300 g de mandarines en conserve et répartissez-les dans 4 verrines. Versez la crème pâtissière chocolatée sur les mandarines et placez pour 10 minutes au frais. Décorez avec des copeaux de chocolat et servez.

Gâteau chocolat-mandarine

Faites égoutter 600 g de mandarines en conserve et disposez-les dans le fond d'un moule à gâteau à fond amovible de 20 cm de diamètre, tapissé de papier sulfurisé. Fouettez 2 œufs et 75 g de sucre avec un fouet électrique jusqu'à obtention d'un mélange onctueux. Incorporez 50 g de farine à levure incorporée tamisée et 25 g de cacao en poudre. Versez cette pâte sur les mandarines et faites cuire 20 à 25 minutes dans un four préchauffé à 180 °C, jusqu'à ce que le gâteau soit ferme au toucher. Laissez refroidir quelques minutes dans le moule avant de démouler le gâteau en le retournant sur un plat de service.

Petites crèmes chocolat-café

Pour 4 personnes
125 g de chocolat noir coupé en petits morceaux
2 c. à c. d'espresso instantané
150 ml de crème fraîche
175 g de yaourt grec
4 grains de café enrobés de chocolat pour décorer

- Placez 4 tasses à espresso ou 4 ramequins (contenance 125 ml) au frais pendant que vous préparez la crème.

- Faites fondre le chocolat au bain-marie, avec le café instantané et 3 cuillerées à soupe de crème fraîche. Hors du feu, ajoutez le reste de la crème fraîche et la moitié du yaourt.

- Versez la préparation dans les tasses froides. Répartissez le reste du yaourt sur la crème et décorez avec un grain de café enrobé de chocolat. Placez pour 10 minutes au réfrigérateur avant de servir.

Sauce chocolat-café Faites fondre 200 g de chocolat noir coupé en petits morceaux au bain-marie. Incorporez 100 ml de café corsé chaud, 100 ml de crème fleurette, 50 g de sucre et 15 g de beurre. Servez aussitôt, avec de la crème glacée, des brownies au chocolat ou des fruits.

Carrés gourmands chocolat-espresso Abaissez finement au rouleau 375 g de pâte brisée prête à l'emploi. Garnissez-en un moule de 30 x 20 cm. Piquez la pâte avec une fourchette, recouvrez de papier sulfurisé et lestez avec des haricots secs. Faites cuire 10 minutes à blanc dans un four à 200 °C. Retirez les haricots et le papier, et faites cuire encore 2 à 3 minutes. Réduisez la température à 180 °C. Pendant ce temps, faites fondre au bain-marie 200 g de chocolat noir à 70 % de cacao coupé en petits morceaux et 3 c. à c. d'espresso instantané. À part, fouettez 2 gros œufs et 50 g de sucre roux avec un fouet électrique, jusqu'à obtention d'un mélange léger. Sans cesser de fouetter, incorporez le chocolat fondu et 100 ml de crème fraîche. Ajoutez enfin 25 g de farine à levure incorporée et versez dans le moule, sur la pâte précuite. Poursuivez la cuisson 10 minutes au four. Laissez refroidir légèrement, saupoudrez de cacao et coupez le gâteau en huit. Servez chaud, avec de la crème fouettée.

Paniers de myrtilles, sauce au chocolat blanc

10 MINUTES

Pour 4 personnes

200 g de chocolat blanc coupé en petits morceaux
4 petits paniers en pâte à tuiles
125 ml de crème fraîche
1 morceau de gingembre confit au sirop, finement haché
1 c. à s. de sirop de gingembre confit (prélevée dans le bocal)
450 g de myrtilles surgelées

- Faites fondre 50 g de chocolat blanc au bain-marie. Nappez-en le fond et les parois des petits paniers en tuile (cela empêchera la sauce de s'échapper). Placez pour 5 minutes au frais.
- Pendant ce temps, faites fondre le reste du chocolat à feu doux, avec la crème fraîche, le gingembre confit et le sirop, en remuant de temps en temps, jusqu'à obtention d'un mélange homogène.
- Posez les paniers sur une assiette et remplissez-les de myrtilles. Arrosez avec la sauce au chocolat blanc et servez aussitôt.

---

20 MINUTES

Petits paniers de crème au chocolat blanc Faites fondre au bain-marie 100 g de chocolat blanc coupé en petits morceaux et 100 ml de crème fraîche épaisse. Laissez refroidir légèrement avant d'incorporer 100 ml de crème fraîche. Répartissez cette préparation dans 4 petits paniers en pâte à tuiles. Placez pour 10 minutes au frais. Décorez avec 100 g de myrtilles ou de framboises avant de servir.

30 MINUTES

Gâteau au chocolat blanc et aux myrtilles Faites fondre 125 g de chocolat blanc coupé en petits morceaux au bain-marie. Dans un saladier, fouettez 50 g de beurre doux ramolli et 50 g de sucre en poudre avec un fouet électrique jusqu'à obtention d'un mélange léger. Sans cesser de fouetter, incorporez 1 gros œuf, ½ c. à c. d'extrait de vanille et le chocolat fondu. Ajoutez 25 g de petits morceaux de chocolat blanc, 75 g de farine à levure incorporée et 75 g de myrtilles. Versez cette préparation dans un moule à gâteau de 18 cm de diamètre, tapissé de papier sulfurisé. Faites cuire 20 minutes dans un four préchauffé à 180 °C.

Petits moelleux au chocolat et aux griottes

Pour 4 personnes

75 g de beurre doux ramolli
  + une noisette pour le moule
100 g de sucre roux
1 c. à c. d'extrait de vanille
25 g de cacao en poudre tamisé
50 g de farine à levure
  incorporée, tamisée
1 œuf
50 g de cerises griottes séchées
crème épaisse ou crème fraîche
  pour servir

- Beurrez légèrement 4 alvéoles d'un moule à muffins antiadhésif de 6 alvéoles. Fouettez le beurre, le sucre et l'extrait de vanille avec un fouet électrique jusqu'à obtention d'un mélange léger.

- Ajoutez le cacao, la farine et l'œuf, et fouettez jusqu'à ce que le mélange soit homogène. Ajoutez les griottes.

- Versez la préparation dans les alvéoles du moule et faites cuire 10 à 12 minutes dans un four préchauffé à 180 °C. Le centre des gâteaux doit être fondant.

- Démoulez les petits gâteaux en les retournant sur les assiettes et servez aussitôt, avec de la crème épaisse ou de la crème fraîche.

10 MINUTES

Brownie chocolat-griotte, glace à la vanille Coupez 4 brownies au chocolat en deux, dans l'épaisseur. Posez 1 boule de glace à la vanille au centre d'une des moitiés. Posez un autre brownie sur la glace. Placez au congélateur. Répétez l'opération pour obtenir 4 sandwichs en tout. Faites chauffer dans une casserole 75 g de griottes séchées grossièrement hachées et 200 ml de sauce au chocolat toute prête. Quand la sauce est chaude, versez-la sur les brownies.

30 MINUTES

Florentins chocolat-griotte Faites chauffer à feu doux 60 g de beurre et 50 g de sucre, jusqu'à ce que le sucre soit dissous. Portez à ébullition. Hors du feu, incorporez 2 c. à s. de crème fraîche, 25 g de fruits confits, 50 g de griottes séchées, 50 g d'amandes effilées, 25 g de gingembre confit haché et 15 g de farine ordinaire. Déposez des cuillerées bombées de pâte sur 2 plaques de cuisson antiadhésives beurrées, en les espaçant largement. Faites cuire une plaque à la fois dans un four à 180 °C pendant 8 à 10 minutes, jusqu'à ce que les florentins soient dorés. Laissez reposer 2 minutes sur la plaque avant de poser les biscuits sur une grille. Trempez le tour des florentins dans 125 g de chocolat noir fondu. Faites prendre 10 minutes au réfrigérateur. Servez avec de la glace au chocolat.

20 MINUTES

Blinis au chocolat

Pour 6 personnes
100 g de farine à levure incorporée
15 g de cacao en poudre
½ c. à c. de poudre à lever
1 c. à s. de sucre en poudre
1 œuf battu
170 ml de lait
1 c. à s. d'huile de tournesol pour la cuisson
50 g de chocolat au lait finement haché

Pour servir
100 ml de crème fraîche
150 g de framboises

- Tamisez la farine, le cacao et la poudre à lever au-dessus d'un grand saladier. Ajoutez le sucre. Faites un puits au centre. Avec un fouet, incorporez progressivement l'œuf et un peu de lait jusqu'à obtention d'une pâte épaisse. Incorporez le lait restant.

- Faites chauffer une grande poêle antiadhésive à feu moyen. Faites une boule avec un carré de papier absorbant et trempez-le dans l'huile pour graisser la poêle. Déposez des cuillerées de pâte dans la poêle, en les espaçant largement.

- Faites cuire 1 minute, puis répartissez un peu de chocolat concassé sur les blinis. Faites cuire encore 1 à 2 minutes, jusqu'à ce que des bulles commencent à éclater en surface. Retournez les blinis et poursuivez la cuisson 1 à 2 minutes. Sortez les blinis de la poêle et maintenez-les au chaud.

- Faites d'autres blinis avec le reste de la pâte (environ 28 blinis en tout). Servez-les chauds, garnis de crème fraîche et de framboises.

---

10 MINUTES

Blinis express, sauce au chocolat Réchauffez 24 petits blinis tout faits en suivant les instructions du paquet. Déposez 4 blinis sur 6 assiettes, ainsi que 50 g de framboises par portion. Réchauffez 200 ml de sauce au chocolat toute prête à feu doux et versez-la sur les blinis.

30 MINUTES

Blinis au chocolat, ganache au chocolat blanc Préparez la ganache en faisant fondre 150 g de chocolat blanc au bain-marie. Hors du feu, incorporez 300 ml de crème fraîche et 1 c. à s. de crème de cacao. Laissez épaissir légèrement au frais. Pendant ce temps, préparez les blinis comme ci-dessus et laissez refroidir. Posez 1 cuillerée de ganache sur chaque blini et décorez avec 1 framboise. Saupoudrez de cacao en poudre, et servez aussitôt.

Petits fondants chocolat-orange

Pour 6 personnes

75 g de beurre doux ramolli
   + une noisette pour les moules
300 g de chocolat noir à 70 %
   de cacao haché
le zeste râpé de 1 orange
75 g de sucre roux
5 œufs
50 g de farine ordinaire tamisée
1 c. à s. de liqueur d'orange
glace à la vanille ou crème
   fouettée pour servir

- Beurrez 6 moules en métal ou ramequins (contenance 150 ml) et posez-les sur une plaque de cuisson. Faites fondre le chocolat au bain-marie, puis ajoutez le zeste d'orange, en réservant quelques languettes pour décorer. Remuez le chocolat quand il est fondu pour le lisser, et laissez refroidir légèrement.

- Travaillez le beurre, le sucre, les œufs, la farine et la liqueur dans un robot ou un blender jusqu'à obtention d'un mélange lisse. Ajoutez le chocolat fondu et mélangez soigneusement.

- Versez la pâte dans les moules beurrés et faites cuire 9 minutes dans un four préchauffé à 190 °C. Le tour doit être cuit, mais le centre doit rester fondant. Servez aussitôt, avec de la glace à la vanille ou de la crème fouettée, et décorez avec quelques languettes de zeste d'orange.

Sauce au chocolat et à la liqueur d'orange Mettez 200 g de chocolat noir coupé en petits morceaux dans un récipient résistant à la chaleur. Versez sur le chocolat 125 ml de crème liquide chaude. Remuez pour faire fondre le chocolat, puis ajoutez 1 c. à s. de liqueur d'orange. Servez cette sauce chaude, sur de la glace à la vanille.

Tarte chocolat-orange Faites fondre 200 g de chocolat noir à 85 % de cacao au bain-marie, en remuant de temps en temps. Laissez refroidir légèrement. Fouettez 2 gros œufs, 50 g de sucre et le zeste râpé de 1 orange, avec un fouet électrique jusqu'à obtention d'un mélange léger. Sans cesser de fouetter, incorporez le chocolat fondu, 1 c. à s. de liqueur d'orange, puis 100 ml de crème fraîche. Posez un fond de tarte précuit de 20 cm de diamètre sur une plaque de cuisson. Versez la préparation au chocolat sur le fond de tarte et lissez la surface. Faites cuire 10 à 12 minutes dans un four à 160 °C. Si la préparation au centre est encore tremblotante, ne vous inquiétez pas : elle se raffermira en refroidissant. Laissez tiédir 10 minutes avant de servir, avec de la crème fouettée.

Risotto au chocolat

Pour 4 personnes
600 ml de lait
2 c. à s. de sucre en poudre
le zeste râpé de 1 orange
25 g de beurre doux
125 g de riz arborio
125 g de chocolat noir
   cassé en petits morceaux
1 à 2 c. à s. de cognac
   ou de liqueur d'orange
   (facultatif)
25 g de noisettes grillées
   et hachées pour décorer

- Faites chauffer le lait, le sucre et le zeste d'orange (réservez quelques languettes pour décorer), jusqu'à ce que le mélange frémisse.

- Pendant ce temps, faites fondre le beurre dans une cocotte à fond épais. Versez le riz et remuez pour enduire les grains. Versez une louchée de lait frémissant dans le riz et remuez soigneusement. Quand le lait a été absorbé, ajoutez une autre louchée.

- Continuez jusqu'à ce que presque tout le lait ait été absorbé. Le riz doit être crémeux tout en étant al dente. Comptez environ 15 minutes de cuisson.

- Ajoutez les petits morceaux de chocolat et éventuellement un peu de cognac. Répartissez ce risotto dans 4 bols, décorez avec des noisettes grillées et quelques lanières de zeste d'orange, et servez aussitôt.

10 MINUTES

Riz au lait express chocolat-orange Faites chauffer 800 g de riz au lait dans une cocotte. Ajoutez le zeste râpé de ½ orange, 2 c. à s. de jus d'orange et 100 g de chocolat noir haché. Chauffez le tout, en remuant, jusqu'à ce que le chocolat soit fondu. Répartissez le riz au lait dans 4 bols et servez aussitôt.

30 MINUTES

Risotto au chocolat et tuiles aux pistaches Fouettez 75 g de beurre mou et 125 g de sucre avec un fouet électrique jusqu'à obtention d'un mélange léger. Incorporez 50 g de farine ordinaire tamisée, puis 2 c. à s. de lait et 75 g de pistaches hachées. Déposez 8 c. à c. de cette préparation sur 2 plaques de cuisson recouvertes de papier sulfurisé, en les espaçant largement. Faites cuire 5 à 7 minutes dans un four à 200 °C, jusqu'à ce que le pourtour des tuiles commence à dorer. Laissez raffermir légèrement, puis décollez les tuiles et posez-les sur un rouleau à pâtisserie. Mettez-les sur une grille pour qu'elles refroidissent. Préparez le risotto comme ci-dessus et servez avec les tuiles aux pistaches.

 **MINUTES**

Crumbles poire-chocolat

Pour 4 personnes
beurre pour les moules
2 bocaux de poires
   au sirop (800 g), égouttées
50 g de sucre roux
le zeste râpé et le jus de 1 citron
   non traité
50 g de chocolat au lait
   (pépites ou petits morceaux)
crème glacée pour servir
   (facultatif)

Pour le crumble
100 g de farine ordinaire
50 g de beurre doux coupé
   en petits morceaux
50 g de sucre roux
50 g de chocolat au lait
   (pépites ou petits morceaux)
50 g de noisettes grillées, hachées

- Beurrez 4 ramequins (contenance 300 ml) et posez-les sur une plaque de cuisson. Mélangez les quartiers de poires, le sucre, le zeste, le jus de citron et le chocolat dans un saladier.

- Préparez le crumble en travaillant du bout des doigts la farine et le beurre jusqu'à obtention d'un sable grossier (vous pouvez aussi utiliser un robot). Ajoutez le sucre, le chocolat et les noisettes.

- Répartissez la préparation aux poires dans les ramequins. Versez le crumble par-dessus, en tassant légèrement.

- Faites cuire 15 minutes dans un four préchauffé à 180 °C, jusqu'à ce que le dessus soit doré. Servez avec de la glace à la vanille, si vous le souhaitez.

 MINUTES

Poires et sauce au chocolat
Pelez et coupez en deux 4 poires mûres à point. Taillez chaque moitié en tranches que vous répartirez dans 4 coupelles. Arrosez avec le jus de 1 citron. Préparez la sauce en faisant chauffer à feu doux 125 g de chocolat noir, 25 g de beurre, 2 c. à s. de miel, 2 c. à s. de crème fraîche et 3 c. à s. d'eau. Remuez jusqu'à obtention d'un mélange lisse. Versez la sauce sur les poires, parsemez de noisettes grillées hachées et servez aussitôt.

MINUTES

Poires pochées au romarin et sauce au chocolat Faites chauffer à feu doux 300 ml d'eau, 150 g de sucre et 3 brins de romarin. Quand le sucre est dissous, portez à ébullition. Plongez 4 poires pelées dans le sirop. Couvrez et laissez mijoter 20 à 25 minutes, jusqu'à ce que les fruits soient fondants. Tournez de temps en temps les poires pendant la cuisson. Sortez les poires et posez-les sur un plat de service. Faites bouillir le sirop 2 minutes, jusqu'à épaississement. Cassez en petits morceaux 200 g de chocolat noir, dans un bol résistant à la chaleur. Ajoutez 150 ml de crème fraîche chaude et remuez jusqu'à ce que le chocolat soit fondu. Servez les poires avec le sirop filtré et la sauce au chocolat.

Chimichangas banane-chocolat

20 MINUTES

Pour 6 personnes
2 c. à s. de sucre en poudre
1 c. à c. de cannelle moulue
6 bananes mûres coupées en rondelles épaisses
6 tortillas souples
150 g de chocolat noir au piment coupé en morceaux grossiers
2 c. à s. d'huile de tournesol
glace à la vanille pour servir (facultatif)

- Mélangez le sucre et la cannelle dans un petit bol.
- Déposez quelques rondelles de banane au centre d'une tortilla, ainsi que 25 g de chocolat. Repliez les bords de la tortilla vers le milieu, puis enroulez-la. Posez l'enveloppe formée sur une plaque de cuisson, côté joint vers le bas. Badigeonnez avec un peu d'huile et saupoudrez de sucre à la cannelle. Répétez l'opération pour obtenir 6 chimichangas au total.
- Faites dorer 10 minutes dans un four préchauffé à 190 °C. Servez aussitôt, avec de la glace à la vanille.

---

10 MINUTES

Sauce chocolat-piment Faites chauffer à feu doux 150 ml de crème fraîche. Incorporez 225 g de chocolat noir haché, 1 piment rouge épépiné et haché, et ½ c. à c. de piment en poudre. Faites chauffer, en remuant, jusqu'à ce que le chocolat soit fondu. Versez la sauce dans un bol chaud et servez, avec des rondelles de banane et des languettes de tortillas chaudes.

30 MINUTES

Pudding chaud chocolat-piment
Faites chauffer à feu doux 150 g de chocolat noir au piment, 25 g de beurre et 3 c. à s. de miel, en remuant de temps en temps. Quand le chocolat a fondu, incorporez 3 c. à s. de crème fraîche. Versez cette sauce dans un plat à four beurré (contenance 1 litre). Fouettez 125 g de beurre ramolli et 125 g de sucre avec un fouet électrique jusqu'à obtention d'un mélange léger. Incorporez progressivement 2 œufs, 100 g de farine à levure incorporée tamisée, 25 g de cacao en poudre tamisé, 1 c. à c. de piment séché et 2 c. à s. de lait. Versez cette préparation dans le moule, sur la sauce au chocolat, et faites cuire 18 à 20 minutes dans un four à 180 °C.

30 MINUTES

Crêpes au chocolat

Pour 4 personnes
100 g de farine ordinaire
1 c. à s. de cacao en poudre
1 pincée de sel
2 œufs battus
300 ml de lait
2 c. à s. de beurre doux fondu
une noisette de beurre
    pour la cuisson
225 g de compote de fruits
    rouges toute prête

Pour la sauce au chocolat
175 g de chocolat au lait
    coupé en petits morceaux
50 g de beurre doux
2 c. à s. de golden syrup
    ou de miel liquide
100 ml de lait

- Tamisez la farine, le cacao et le sel au-dessus d'un saladier. Faites un puits au centre. Versez les œufs et fouettez en faisant progressivement tomber la farine dans le puits. Ajoutez le lait peu à peu, en fouettant, jusqu'à obtention d'une pâte lisse. Incorporez le beurre fondu.

- Préparez la sauce en faisant fondre le chocolat à feu doux, avec le beurre et le golden syrup. Ajoutez le lait et poursuivez la cuisson 2 à 3 minutes, en remuant souvent, jusqu'à épaississement.

- Faites chauffer un peu de beurre dans une poêle antiadhésive de 20 cm de diamètre. Versez une louchée de pâte en l'inclinant de manière à en napper le fond. Faites dorer 1 à 2 minutes, retournez la crêpe et faites cuire encore 1 minute. Faites glisser la crêpe sur une assiette et maintenez-la au chaud. Répétez l'opération pour avoir 8 crêpes au total, en ajoutant du beurre dans la poêle si nécessaire.

- Au moment de servir, farcissez les crêpes avec un peu de compote et arrosez avec la sauce au chocolat.

10 MINUTES

Crêpes et sauce au chocolat praliné Faites fondre 200 g de chocolat noir au bain-marie avec un peu de pralin. Ne remuez pas trop. Ajoutez 25 g de beurre. Lorsque le tout a fondu, incorporez 100 ml de crème liquide. Pendant ce temps, réchauffez 8 crêpes toutes prêtes en suivant les instructions du paquet. Servez 2 crêpes par personne, nappées de sauce au chocolat.

20 MINUTES

Clafoutis chocolat-framboise
Mettez 100 g de beurre mou, 125 g de sucre, 100 g de farine à levure incorporée, 25 g de cacao en poudre tamisé, 3 œufs et 3 c. à s. de lait dans un robot ou un blender. Travaillez le mélange jusqu'à ce qu'il soit lisse. Répartissez la pâte dans 4 ramequins beurrés (contenance 250 ml), ainsi que 125 g de framboises. Posez les ramequins sur une plaque de cuisson et faites cuire 15 à 16 minutes dans un four préchauffé à 190 °C.

Mousse au chocolat blanc, citronnelle et cardamome

Pour 6 personnes

100 ml de lait
2 bâtons de citronnelle
  grossièrement hachés
250 g de chocolat blanc
  coupé en petits morceaux
les graines broyées
  de 4 gousses
  de cardamome verte
200 g de mascarpone
3 blancs d'œufs
copeaux de chocolat blanc
  pour décorer
cacao en poudre pour décorer

- Placez 6 petits ramequins au congélateur. Dans une petite casserole, portez à ébullition le lait avec la citronnelle. Retirez du feu et laissez infuser 5 minutes.

- Pendant ce temps, faites fondre le chocolat au bain-marie, avec la cardamome, en remuant de temps en temps. Retirez la casserole du feu.

- Versez le lait chaud filtré dans le chocolat fondu et remuez. Avec un fouet, incorporez le mascarpone et lissez le mélange. Placez au réfrigérateur.

- Montez les blancs d'œufs en neige ferme dans un saladier. Incorporez-les délicatement à la préparation au chocolat. Versez la pâte dans les ramequins et placez pour 5 à 10 minutes au congélateur avant de servir. Si vous préparez ce dessert à l'avance, couvrez-le et placez-le au réfrigérateur jusqu'au moment de servir.

- Décorez avec des copeaux de chocolat et saupoudrez de cacao en poudre.

Sauce express au chocolat blanc Portez à ébullition 100 ml de lait, avec 2 bâtons de citronnelle hachés et 4 gousses de cardamome broyées. Retirez la casserole du feu et laissez infuser 5 minutes. Pendant ce temps, faites fondre au bain-marie 250 g de chocolat blanc cassé en petits morceaux. Incorporez le lait filtré et remuez soigneusement. Servez aussitôt, avec de la crème glacée ou des fruits.

Tarte au chocolat blanc Portez à ébullition 100 ml de lait, avec 2 bâtons de citronnelle hachés. Retirez la casserole du feu et laissez infuser 5 minutes. Fouettez 500 g de mascarpone avec 25 g de sucre glace. Avec un fouet, incorporez le lait filtré et les graines broyées de 4 gousses de cardamome. Versez la préparation sur un fond de tarte précuit de 20 cm de diamètre. Placez au frais jusqu'au moment de servir.

30 MINUTES Sucettes glacées au chocolat

Pour 4 personnes
250 g de sorbet à la mangue
   ou à la framboise
150 g de chocolat noir
   coupé en petits morceaux

Pour décorer (facultatif)
noisettes hachées
framboises séchées
vermicelles en chocolat

- Tapissez une grande plaque de papier sulfurisé et glissez-la pour 5 minutes au congélateur.
- Avec une cuillère parisienne, prélevez environ 16 petites boules de sorbet et posez-les sur la plaque. Enfoncez un bâtonnet en bois dans chaque boule et mettez la plaque au congélateur.
- Faites fondre le chocolat au bain-marie, en remuant de temps et temps. Laissez refroidir à température ambiante. Tenez les sucettes par le bâtonnet et plongez les boules de sorbet dans le chocolat.
- Décorez éventuellement avec des noisettes hachées, des framboises séchées et des vermicelles en chocolat. Remettez au moins pour 10 minutes au congélateur.
- Sortez les sucettes du congélateur 5 minutes avant de servir.

Gaufrettes glacées au chocolat
Faites fondre 50 g de chocolat noir au bain-marie. Badigeonnez de chocolat fondu une des faces de 8 gaufrettes. Coupez 4 épaisses tranches de crème glacée, de la même taille que les gaufrettes et posez-les sur 4 gaufrettes, côté chocolat. Posez les autres gaufrettes sur la glace, côté chocolat vers la glace. Servez aussitôt.

Cornets au chocolat Faites fondre 175 g de chocolat noir au bain-marie. Trempez le pourtour de 4 cônes en gaufrette dans le chocolat. Faites tenir les cornets dans un verre et versez le chocolat restant dans le fond de chaque cône. Laissez prendre 10 minutes au frais. Mettez quelques morceaux de fruits frais dans les cornets et complétez avec du sorbet ou de la crème glacée. Servez aussitôt.

Cheesecake au chocolat blanc et aux fraises

30 MINUTES

Pour 6 à 8 personnes

150 g de biscuits sablés émiettés
75 g de beurre doux fondu
200 g de chocolat blanc coupé en petits morceaux
500 g de mascarpone
25 g de sucre glace tamisé
200 g de fraises équeutées coupées en lamelles
copeaux de chocolat blanc pour décorer

- Mélangez les biscuits émiettés et le beurre fondu. Tassez ce mélange dans le fond d'un moule à gâteau à fond amovible de 20 cm de diamètre. Placez au frais pendant que vous préparez la garniture.
- Faites fondre le chocolat au bain-marie, en remuant de temps en temps.
- Dans un saladier, fouettez le mascarpone et le sucre glace jusqu'à obtention d'un mélange lisse. Sans cesser de fouetter, incorporez le chocolat fondu. Étalez cette préparation sur la base biscuitée.
- Placez pour 15 minutes au frais, puis disposez les lamelles de fraises sur la crème. Décorez avec des copeaux de chocolat blanc. Servez aussitôt ou placez au réfrigérateur jusqu'au moment de servir.

---

10 MINUTES

Fraises et sauce au chocolat blanc Équeutez et coupez en deux 650 g de fraises. Répartissez-les dans 6 verrines. Faites chauffer 400 ml de crème fraîche dans une petite casserole. Hors du feu, incorporez 175 g de chocolat blanc haché. Remuez jusqu'à ce que le chocolat soit fondu, puis versez la sauce sur les fraises.

20 MINUTES

Cheesecakes individuels au chocolat blanc et aux fraises Répartissez 6 biscuits sablés émiettés dans 6 verres. Mélangez 300 g de fraises équeutées coupées en morceaux et 1 c. à s. de sucre glace. Faites fondre 125 g de chocolat blanc au bain-marie. Laissez refroidir légèrement. Dans un saladier, fouettez 250 g de mascarpone, 125 ml de crème fraîche et 1 c. à s. de sucre glace. Ajoutez le chocolat fondu. Répartissez ce mélange dans les verrines, ainsi que les fraises. Placez au frais jusqu'au moment de servir.

20 MINUTES

Trifle chocolat-cerise

Pour 6 à 8 personnes

75 g de chocolat noir coupé en petits morceaux
500 g de crème pâtissière toute prête
400 g de gâteau roulé au chocolat, fourré à la crème fouettée, coupé en tranches de 1 cm
100 g de confiture de cerises
4 c. à s. de kirsch
450 g de cerises coupées en deux et dénoyautées + quelques-unes pour décorer
450 ml de crème fleurette
copeaux de chocolat pour décorer

- Faites fondre le chocolat au bain-marie, puis laissez-le refroidir. Versez la crème pâtissière dans un bol et incorporez le chocolat fondu avec un fouet.

- Tapissez le fond et les parois d'un saladier de 20 cm de diamètre avec les tranches de gâteau roulé. Mélangez la confiture et le kirsch, et nappez-en le gâteau. Versez les cerises dans le saladier, puis recouvrez-les de crème pâtissière au chocolat.

- Fouettez la crème fleurette avec un fouet électrique, jusqu'à ce que des pointes souples se forment. Étalez cette crème sur le dessus du trifle. Décorez avec des copeaux de chocolat et quelques cerises. Servez aussitôt ou placez au frais jusqu'au moment de servir.

10 MINUTES

Desserts chocolat-cerise

Coupez un gâteau roulé au chocolat en 6 tranches de 1,5 cm d'épaisseur. Répartissez les tranches dans 6 bols. Arrosez chaque tranche avec 1 c. à s. d'alcool prélevée dans un bocal de cerises à l'eau-de-vie. Déposez 4 cerises à l'eau-de-vie dans chaque bol. Faites chauffer à feu doux 450 g de crème pâtissière toute prête. Incorporez 50 g de chocolat noir haché et faites-le fondre, en remuant. Nappez le gâteau de crème pâtissière au chocolat.

30 MINUTES

Tarte chocolat-cerise

Fouettez 150 g de fromage frais, 125 ml de crème fraîche, 2 c. à s. de cacao en poudre tamisé, 3 c. à s. de sucre et 2 jaunes d'œufs. Versez ce mélange sur un fond de tarte précuit de 20 cm de diamètre. Égouttez 400 g de cerises dénoyautées en conserve et disposez-les sur la préparation au chocolat. Faites cuire 18 à 20 minutes dans un four à 180 °C.

30 MINUTES

Fondant aux épices et sauce au chocolat

Pour 4 à 6 personnes

125 g de beurre doux coupé en petits dés + une noisette pour le moule
200 ml de sauce chocolat toute prête
125 g de chocolat noir coupé en petits morceaux
125 g de sucre roux
125 g de farine à levure incorporée
1 c. à c. de cannelle moulue
½ c. à c. de noix de muscade moulue
¼ de c. à c. de clou de girofle moulu
2 œufs battus
2 c. à s. de lait
crème liquide pour servir (facultatif)

- Beurrez légèrement un plat à gratin (contenance 1 litre). Versez la sauce chocolat dans le fond du plat.
- Faites fondre le beurre et le chocolat au bain-marie, puis incorporez le sucre.
- Tamisez la farine et les épices au-dessus d'un saladier, puis versez-y le chocolat fondu, les œufs et le lait. Mélangez bien.
- Versez la pâte dans le plat, sur la sauce (ne vous en faites pas si les deux se mélangent, le gâteau gonflera quand même). Faites cuire 20 à 25 minutes dans un four préchauffé à 180 °C, jusqu'à ce que la pâte ait gonflé.
- Laissez refroidir quelques minutes dans le moule, puis servez, avec de la crème liquide.

---

10 MINUTES

Sauce chocolat express aux épices Faites chauffer à feu doux 200 ml de sauce chocolat toute prête. Incorporez 1 c. à c. de cannelle moulue, ¼ de c. à c. de clou de girofle moulu et ¼ de c. à c. de noix de muscade moulue. Servez, avec de la glace à la vanille.

20 MINUTES

Puddings au chocolat fondant
Faites fondre au bain-marie 175 g de chocolat noir à 70 % de cacao et 175 g de beurre coupé en petits dés, en remuant de temps en temps. Fouettez 3 œufs, 3 jaunes d'œufs et 6 c. à s. de sucre avec un fouet électrique jusqu'à obtention d'un mélange épais et mousseux. Incorporez le chocolat fondu, 3 c. à c. bombées de farine tamisée, ½ c. à c. de cannelle moulue, ¼ de c. à c. de clou de girofle moulu et ¼ de c. à c. de noix de muscade moulue. Versez la pâte dans 6 ramequins beurrés (contenance 175 ml) dont vous aurez chemisé le fond de papier sulfurisé. Faites cuire 10 minutes dans un four à 220 °C. Le dessus doit avoir pris, mais le centre doit rester fondant. Retournez les puddings sur des assiettes et servez aussitôt.

30 MINUTES

Tarte chocolat-gingembre

Pour 6 à 8 personnes

200 g de chocolat noir à 85 % de cacao coupé en petits morceaux
2 gros œufs
50 g de sucre en poudre
2 morceaux de gingembre confit au sirop, finement haché
100 ml de crème fraîche
1 fond de tarte précuit de 20 cm de diamètre
cacao en poudre pour décorer
glace à la vanille ou crème fouettée pour servir (facultatif)

- Faites fondre le chocolat au bain-marie, en remuant de temps en temps, puis laissez refroidir légèrement.
- Fouettez les œufs et le sucre avec un fouet électrique jusqu'à obtention d'un mélange léger. Avec le fouet, incorporez le chocolat fondu, puis le gingembre et la crème fraîche.
- Posez le fond de tarte sur une plaque de cuisson. Versez la préparation au chocolat et lissez la surface. Faites cuire environ 10 à 12 minutes dans un four préchauffé à 160 °C, jusqu'à ce que la garniture ait juste pris. Le centre de la tarte, encore tremblotant, se raffermira en refroidissant.
- Saupoudrez de cacao en poudre. Servez chaud ou froid, avec de la glace à la vanille ou de la crème fouettée.

---

10 MINUTES

Sauce chocolat-gingembre

Faites fondre à feu doux 200 g de chocolat noir, avec 300 ml de crème fraîche, 2 morceaux de gingembre confit au sirop finement hachés et 2 c. à s. de sirop de gingembre. Faites chauffer, en remuant de temps en temps, jusqu'à ce que le mélange soit lisse et satiné. Délicieux avec de la glace à la vanille ou des bananes.

20 MINUTES

Mousses chocolat-gingembre

Faites fondre au bain-marie 150 g de chocolat noir, avec 2 morceaux de gingembre confit au sirop finement hachés. Pendant ce temps, fouettez 125 ml de crème fraîche avec un fouet électrique jusqu'à ce que des pointes souples se forment. Incorporez progressivement le chocolat fondu à la crème. Dans un récipient parfaitement propre, montez 2 blancs d'œufs en neige ferme, puis incorporez-les délicatement à la préparation au chocolat. Répartissez cette mousse dans 6 tasses à espresso ou 6 petits ramequins et placez pour 10 minutes au frais.

30 MINUTES

Soufflés chocolat-pistache

Pour 6 personnes
beurre pour les moules
25 g de pistaches moulues
150 g de chocolat noir coupé en petits morceaux
4 œufs, blancs et jaunes séparés
100 g de sucre en poudre
2 c. à c. de fécule de maïs
cacao en poudre ou sucre glace pour décorer (facultatif)

- Beurrez 6 ramequins (contenance 175 ml). Saupoudrez le fond et les parois de pistaches en poudre (les soufflés gonfleront mieux). Posez les ramequins sur une plaque de cuisson.

- Faites fondre le chocolat au bain-marie, puis laissez-le refroidir légèrement.

- Pendant ce temps, montez les blancs d'œufs en neige ferme dans un récipient parfaitement propre. Incorporez progressivement la moitié du sucre jusqu'à obtention d'un mélange épais et satiné.

- Laissez tiédir la préparation au chocolat et ajoutez le reste de sucre, les jaunes d'œufs et la fécule de maïs. Incorporez délicatement les blancs en neige, en 2 fois, ainsi que le reste des pistaches. Répartissez cette préparation dans les ramequins. Lissez la surface et frottez le pourtour des moules avec le doigt.

- Faites cuire 20 minutes dans un four préchauffé à 190 °C, jusqu'à ce que les soufflés soient bien gonflés. Saupoudrez de cacao ou de sucre glace et servez aussitôt.

---

10 MINUTES

Glace pistache-chocolat
Mettez 600 g de glace à la pistache et 125 g de copeaux de chocolat au lait dans un robot. Mélangez brièvement. Répartissez la glace dans 6 petites verrines. Parsemez de 25 g de pistaches hachées et servez aussitôt, avec des gaufrettes.

20 MINUTES

Fondants chocolat-pistache
Fouettez 75 g de beurre mou, 100 g de sucre roux et 1 c. à c. d'extrait de vanille avec un fouet électrique jusqu'à obtention d'un mélange léger. Ajoutez 25 g de cacao en poudre tamisé, 50 g de farine à levure incorporée et 1 œuf, et fouettez de nouveau. Ajoutez 50 g de pistaches grossièrement hachées. Versez la pâte dans les 6 alvéoles beurrés d'un moule à muffins antiadhésif. Faites cuire 10 à 12 minutes dans un four à 180 °C. Le dessus doit être cuit, mais le centre doit rester moelleux. Retournez les moules sur les assiettes et servez aussitôt, avec de la crème épaisse ou de la crème fouettée.

Tarte briochée abricot-chocolat

Pour 6 à 8 personnes
beurre pour le moule
225 g de pain brioché coupé en tranches de 1 cm d'épaisseur
100 g de chocolat au lait ou noir en pépites ou en petits morceaux
1 gros œuf
25 g de sucre en poudre
250 g de mascarpone
800 g d'oreillons d'abricot en conserve, égouttés
3 c. à s. de cassonade

- Beurrez légèrement un moule à gâteau rectangulaire de 20 x 30 cm. Disposez les tranches de brioche de manière à recouvrir parfaitement le fond du moule. Répartissez la moitié du chocolat sur la brioche.

- Fouettez légèrement l'œuf, le sucre et le mascarpone, jusqu'à obtention d'un mélange lisse. Étalez cette préparation sur la brioche, jusqu'à 1 cm du bord. Répartissez le reste du chocolat sur le dessus.

- Disposez les oreillons d'abricot en lignes parallèles, côté coupé vers le haut. Saupoudrez de cassonade.

- Faites cuire 20 à 25 minutes dans un four préchauffé à 180 °C, jusqu'à ce que la crème ait pris.

---

10 MINUTES

Toasts aux abricots, sauce au chocolat Faites légèrement griller 6 tranches épaisses de brioche et mettez-les sur 6 assiettes. Posez 1 abricot coupé en deux et dénoyauté sur chaque tranche. Faites fondre au bain-marie 150 g de chocolat noir, 2 c. à s. de liqueur d'orange et 4 c. à s. de crème fraîche. Versez cette sauce sur la brioche aux abricots et servez aussitôt.

20 MINUTES

Brioche au chocolat et abricots caramélisés Fouettez 2 œufs, 200 ml de lait et 2 c. à s. de sucre. Trempez 6 tranches de brioches au chocolat coupées en deux dans ce mélange. Faites fondre 25 g de beurre et 2 c. à s. de sucre dans une poêle. Ajoutez 450 g d'abricots coupés en deux et dénoyautés, et faites cuire 5 minutes à feu doux, jusqu'à ce que les fruits soient fondants. Faites fondre 25 g de beurre dans une grande poêle. Faites dorer les tranches de brioche 2 minutes de chaque côté. Servez 2 tranches de brioche par personne, avec les abricots et leur jus, ainsi que 1 boule de glace à la vanille.

Pudding au chocolat et aux fruits secs

30 MINUTES

Pour 4 personnes

25 g de beurre doux
+ une noisette pour le moule
100 g de chocolat au lait coupé en petits morceaux
12 tranches de brioche aux fruits secs
500 g de crème pâtissière prête à l'emploi
100 ml de lait
25 g de raisins secs
2 c. à s. de cassonade

- Beurrez un plat à gratin. Faites fondre le chocolat au bain-marie. Pendant ce temps, beurrez les tranches de brioche, puis coupez chacune en 2 triangles.

- Versez la crème pâtissière dans un récipient et incorporez le chocolat fondu. Complétez avec du lait, de manière à obtenir 600 g de crème.

- Disposez une couche de brioche dans le fond du plat. Parsemez de raisins secs. Posez les tranches restantes sur les raisins. Nappez avec la crème au chocolat et laissez reposer 5 minutes.

- Saupoudrez de cassonade et faites cuire 20 minutes dans un four préchauffé à 180 °C, jusqu'à ce que la crème bouillonne.

---

10 MINUTES

Pain perdu chocolat-cannelle Fouettez 2 gros œufs et 3 c. à s. de lait. Tartinez 2 tranches de brioche de 2 c. à s. de pâte au chocolat. Fermez les sandwichs avec 2 autres tranches de brioche. Laissez imbiber les sandwichs dans le mélange aux œufs 1 minute. Faites chauffer une noisette de beurre et 1 c. à s. d'huile dans une grande poêle. Faites dorer les tranches de brioche sur les 2 faces, pendant 3 à 4 minutes. Coupez chaque sandwich en deux et répartissez les morceaux sur 4 assiettes. Saupoudrez de 2 c. à s. de sucre mélangé à 1 c. à c. de cannelle moulue.

20 MINUTES

Petits puddings chocolat-orange Beurrez 12 tranches de brioche avec 25 g de beurre doux, puis coupez-les en triangles. Tapissez le fond de 4 ramequins beurrés (contenance 250 ml) avec la moitié des triangles de brioche. Mélangez 500 g de crème pâtissière au chocolat toute prête avec le zeste de 1 orange et 2 c. à s. de jus d'orange. Versez la moitié de cette crème sur la brioche. Répétez l'opération avec le reste des ingrédients. Saupoudrez avec 2 c. à s. de cassonade. Posez les ramequins sur une plaque et faites cuire 15 minutes dans un four à 180 °C, jusqu'à ce que la crème bouillonne.

Gâteau fondant chocolat-pruneau

30 MINUTES

Pour 8 personnes

150 g de chocolat noir à 70 % de cacao coupé en petits morceaux
4 c. à s. de cognac
125 g de pruneaux grossièrement hachés
100 g de beurre doux coupé en petits dés
4 œufs, blancs et jaunes séparés
100 g de sucre en poudre
50 g de farine ordinaire
1 c. à c. de poudre à lever
cacao en poudre pour décorer
crème fouettée pour servir

- Posez un disque de papier sulfurisé dans le fond d'un moule à bord amovible de 20 cm de diamètre. Faites fondre le chocolat au bain-marie avec le cognac, les pruneaux et le beurre.

- Pendant ce temps, fouettez les jaunes d'œufs et le sucre avec un fouet électrique jusqu'à obtention d'un mélange léger. Incorporez la farine et la poudre à lever. Ajoutez le chocolat fondu et mélangez délicatement.

- Montez les blancs d'œufs en neige ferme dans un saladier parfaitement propre. Incorporez délicatement les blancs à la préparation au chocolat.

- Versez la pâte dans le moule et faites cuire 20 minutes à 180 °C, jusqu'à ce que le gâteau soit gonflé. Le dessus doit être cuit, mais le centre doit rester moelleux. Laissez refroidir quelques minutes dans le moule.

- Posez le gâteau sur un plat de service, saupoudrez de cacao et servez aussitôt, avec de la crème fouettée.

---

10 MINUTES

Pruneaux au chocolat Faites fondre 175 g de chocolat noir au bain-marie. Retirez la casserole du feu. Avec une fourchette, plongez 225 g de pruneaux dénoyautés dans le chocolat, puis posez-les sur une plaque recouverte de papier sulfurisé. Laissez prendre 5 à 8 minutes au frais. Saupoudrez de cacao en poudre. Servez ces pruneaux avec le café.

20 MINUTES

Barres chocolatées aux pruneaux Faites fondre 250 g de chocolat noir à 70 % de cacao au bain-marie, puis incorporez 50 g de beurre. Avec un rouleau à pâtisserie, écrasez 125 g de biscuits sablés. Mettez les biscuits dans le chocolat, avec 125 g de pruneaux hachés. Versez la préparation dans un moule carré de 20 cm de côté, tapissé de papier sulfurisé. Laissez prendre 10 minutes au congélateur. Coupez 12 barres avec un couteau tranchant. Ces barres chocolatées se conservent 3 à 4 jours dans un récipient hermétique.

30 MINUTES

Mousse au chocolat et rayon de miel

Pour 6 personnes
200 g de chocolat noir coupé en petits morceaux
4 œufs, blancs et jaunes séparés
150 ml de crème fraîche

Pour le rayon de miel
huile de tournesol pour la cuisson
5 c. à s. de sucre semoule
2 c. à s. de golden syrup ou de miel liquide
1 c. à c. de bicarbonate de soude

- Préparez le rayon de miel : huilez une plaque de cuisson posée sur une planche à découper. Faites chauffer le sucre et le golden syrup à feu doux dans une casserole à fond épais. Quand le sucre est dissous, portez à ébullition et laissez bouillir jusqu'à obtention d'un caramel doré. Avec un fouet, incorporez le bicarbonate de soude (le mélange va mousser) et versez la préparation sur la plaque huilée. Laissez refroidir 10 minutes.

- Pendant ce temps, faites fondre le chocolat au bain-marie. Laissez refroidir légèrement, puis incorporez les jaunes d'œufs. Fouettez légèrement la crème fraîche avec un fouet électrique jusqu'à ce que des pointes souples se forment. Incorporez-la à la préparation au chocolat.

- Montez les blancs d'œufs en neige ferme. Incorporez-les délicatement à la préparation au chocolat.

- Cassez le rayon de miel en petits morceaux et ajoutez-les à la mousse (gardez-en quelques-uns pour décorer). Répartissez la mousse dans 6 verres ou coupelles, et laissez prendre 10 minutes au frais. Décorez avec quelques morceaux de rayon de miel, juste avant de servir.

10 MINUTES

Coupes glacées au chocolat croustillant Déposez 2 grosses boules de glace à la vanille dans 6 bols. Morcelez 2 barres chocolatées au miel de 40 g (style Balisto lait-miel-amandes) et répartissez-les sur la glace. Nappez avec 2 c. à s. de sauce au chocolat chaude par coupelle et servez aussitôt.

20 MINUTES

Petits pots express au chocolat croustillant Faites fondre au bain-marie 150 g de chocolat au lait. Morcelez 2 barres chocolatées au miel de 40 g (style Balisto lait-miel-amandes) et ajoutez-les au chocolat fondu. Fouettez légèrement 300 ml de crème fraîche et 250 g de mascarpone. Ajoutez le chocolat fondu. Répartissez la préparation dans 6 verres et placez pour 10 minutes au réfrigérateur. Décorez avec du chocolat râpé et servez.

Les chouchous des familles

Recettes par temps de préparation

30 MINUTES

Banoffee pie	130
Minicakes aux myrtilles	132
Tarte meringuée aux fraises	134
Crêpes au beurre citronné	136
Puddings banane-caramel	138
Pain brioché grillé aux fruits rouges	140
Mousse aux marshmallows	142
Bouchées Rocky Road	144
Pudding banane-beurre de cacahuètes	146
Moelleux aux dattes, sirop d'érable et noix de pécan	148
Trifle aux framboises	150
Key lime pie	152
Riz au lait au citron et aux amandes	154
Petits puddings au caramel	156
Tarte sucrée à l'orange	158
Petits gâteaux myrtille-citron	160

Tarte aux pommes	162
Cheesecakes new-yorkais	164
Barres croustillantes chocolat-abricot	166
Tarte au citron meringuée	168
Strudel aux pommes et aux raisins secs	170
Éclats de caramel aux noisettes	172
Riz au lait parfumé maison	174
Fondue au chocolat et torsades feuilletées	176

20 MINUTES

Crèmes banoffee	130
Pancakes aux myrtilles	132
Nids meringués et crème aux fraises	134
Pancakes citron-ricotta	136
Bananes et sauce au caramel	138
Pain perdu et compote de fruits rouges	140
Brochettes de marshmallows et sauce au chocolat	142
Cookies Rocky Road	144
Beignets de bananes au sésame, sauce au beurre de cacahuètes	146
Tarte aux dattes et au sirop d'érable	148
Trifle d'été	150
Key lime pie sans cuisson	152
Risotto aux canneberges et aux raisins secs	154
Pudding express au caramel	156
Tartelettes très sucrées	158
Crème citronnée et coulis de myrtilles	160
Tartelettes aux pommes	162

10 MINUTES

Verrines façon
cheesecake 164

Croustillant au chocolat
et au muesli 166

Crèmes meringuées
au lemon curd 168

Tartelettes pomme-raisin-
canneberge 170

Sauce caramel
aux noisettes 172

Riz au lait à l'eau de rose
et figues pochées 174

Fondue au chocolat
et pailles aux noisettes 176

Sundaes au caramel 130

Compote de myrtilles 132

Vacherin aux fraises 134

Pancakes express
au citron 136

Bananes et noix de pécan,
crème caramélisée 138

Pain perdu à la cannelle
et aux fruits rouges 140

Brochettes de fruits,
sauce au marshmallow 142

Sundaes Rocky Road 144

Sandwichs banane-chocolat-
beurre de cacahuètes 146

Sauce aux dattes
et au sirop d'érable 148

Trifles express 150

Crèmes au chocolat,
citron vert
et mascarpone 152

Riz au lait express
au citron 154

Sauce caramel
au gingembre 156

Gaufres à la banane
et sirop aux noix
de pécan 158

Muffins aux myrtilles
et crème citronnée 160

Compote de pommes
express 162

Cheesecakes express 164

Yaourt croustillant
chocolat-abricot 166

Bouchées meringuées
au citron 168

Aumônières express 170

Fruits frais,
sauce au caramel 172

Riz au lait express
à l'eau de rose
et à la cardamome 174

Pailles aux noisettes,
crème glacée
et sauce chocolat 176

30 MINUTES — Banoffee pie

Pour 6 à 8 personnes

275 g de biscuits sablés ou de biscuits au gingembre, émiettés
100 g de beurre fondu
150 ml de crème fleurette
3 petites bananes
400 g de confiture de lait
copeaux de chocolat pour décorer

- Mélangez les biscuits émiettés au beurre fondu. Tassez ce mélange dans le fond et sur la paroi d'un moule cannelé à fond amovible (19 cm de diamètre). Placez pour 15 minutes au réfrigérateur.

- Pendant ce temps, fouettez la crème fleurette avec un fouet électrique jusqu'à ce que des pointes souples se forment. Coupez les bananes en rondelles.

- Étalez la confiture de lait sur le fond biscuité. Disposez les rondelles de bananes sur la confiture (gardez quelques tranches pour décorer).

- Nappez les bananes avec la crème fouettée. Décorez avec les tranches de banane et des copeaux de chocolat. Servez aussitôt ou placez au frais jusqu'au moment de servir.

10 MINUTES

Sundaes au caramel Émiettez 6 biscuits au gingembre et répartissez-les dans 6 coupes. Coupez 6 bananes en rondelles. Répartissez-en la moitié dans les coupes. Déposez 1 boule de glace à la vanille dans chaque coupe, puis arrosez avec 2 c. à s. de sauce caramel réchauffée. Finissez avec le reste des bananes, 1 autre boule de glace à la vanille et un filet de sauce caramel. Servez aussitôt.

20 MINUTES

Crèmes banoffee Mélangez 8 biscuits au gingembre émiettés et 25 g de beurre fondu. Coupez 3 grosses bananes en rondelles et arrosez-les avec 1 c. à s. de jus de citron. Ajoutez 7 c. à s. de confiture de lait. Fouettez 200 ml de crème fraîche avec un fouet électrique. Incorporez 300 g de crème pâtissière toute faite. Déposez 1 c. à s. de biscuits émiettés dans le fond de 6 verres. Poursuivez avec la moitié des rondelles de bananes à la confiture de lait, puis la moitié de la crème. Répétez les couches et décorez avec un peu de chocolat râpé. Servez aussitôt.

20 MINUTES

Pancakes aux myrtilles

Pour 4 personnes

150 g de farine ordinaire
1 c. à c. de poudre à lever
1 pincée de sel
2 c. à s. de sucre en poudre
150 ml de lait
25 g de beurre doux fondu
1 œuf
½ c. à c. d'extrait de vanille
une noisette de beurre
   pour la cuisson
125 g de myrtilles

Pour servir

sirop d'érable ou miel
glace à la vanille

- Tamisez la farine, la poudre à lever et le sel au-dessus d'un saladier. Ajoutez le sucre et faites un puits au centre. À part, fouettez le lait avec le beurre fondu, l'œuf et la vanille. Versez ce mélange dans le puits et fouettez, en faisant progressivement tomber la farine au centre, jusqu'à obtention d'une pâte lisse.

- Faites chauffer un peu de beurre à feu moyen, dans une grande poêle. Déposez des cuillerées à soupe bombées de pâte dans la poêle : vous devez obtenir des pancakes de 8 à 10 cm de diamètre.

- Déposez quelques myrtilles sur les pancakes et laissez cuire 2 à 3 minutes, jusqu'à ce que des bulles se forment à la surface. Retournez les pancakes et faites cuire encore 1 à 2 minutes. Sortez les pancakes de la poêle et gardez-les au chaud. Répétez l'opération avec le reste de la pâte, de manière à obtenir 8 à 10 pancakes au total. Ajoutez du beurre dans la poêle et réduisez le feu si nécessaire.

- Servez les pancakes arrosées de sirop d'érable ou de miel, avec une boule de glace à la vanille.

10 MINUTES

Compote de myrtilles

Faites chauffer à feu doux 200 g de myrtilles, 2 c. à s. de sucre et 1 c. à s. de jus de citron, en remuant de temps en temps, jusqu'à ce que les myrtilles commencent à éclater et à libérer leur jus. Laissez cuire 3 à 4 minutes. Délicieux avec des pancakes ou de la glace.

30 MINUTES

Minicakes aux myrtilles

Tamisez 75 g de farine ordinaire et 1 pincée de sel au-dessus d'un saladier. Ajoutez 50 g de sucre et faites un puits au centre. À part, fouettez 200 ml de lait, 1 c. à c. d'extrait de vanille et 2 gros œufs. Versez ce mélange dans le puits et fouettez, en faisant progressivement tomber la farine au centre, jusqu'à obtention d'une pâte lisse. Versez la pâte dans les alvéoles beurrés d'un moule à minicakes. Répartissez 125 g de myrtilles dans les alvéoles. Faites cuire 20 minutes dans un four à 180 °C, jusqu'à ce que les petits cakes soient gonflés et dorés. Servez 3 minicakes par personne, saupoudrés de sucre glace.

10 MINUTES

Vacherin aux fraises

Pour 6 personnes

500 g de fraises équeutées et coupées en morceaux
2 c. à c. de sucre glace
450 ml de crème fraîche
8 petites meringues cassées en petits morceaux

- Mettez la moitié des fraises et le sucre glace dans un robot ou un blender. Réduisez en purée.
- Fouettez la crème avec un fouet électrique jusqu'à ce que des pointes souples se forment. Ajoutez la meringue et les fraises restantes. Incorporez la moitié du coulis de fruits.
- Répartissez la préparation dans 6 verres ou coupes à dessert, nappez avec le reste du coulis et servez aussitôt.

Nids meringués et crème aux fraises Réduisez 150 g de fraises équeutées en purée dans un robot ou un blender avec 1 c. à s. de sucre glace. Fouettez 200 ml de crème fraîche avec un fouet électrique. Incorporez le coulis de fraises. Versez cette préparation dans 6 petits nids de meringue tout prêts et décorez chaque nid avec 1 fraise. Placez pour 10 minutes au frais, puis servez.

30 MINUTES

Tarte meringuée aux fraises Abaissez au rouleau 325 g de pâte brisée toute faite sur un plan de travail fariné. Garnissez-en un moule à fond amovible de 23 cm de diamètre. Piquez le fond avec une fourchette. Posez une feuille de papier sulfurisé sur la pâte, recouvrez de haricots secs et faites cuire 10 minutes à blanc, à 190 °C. Retirez les haricots et le papier, et faites dorer 5 minutes au four. Nappez le fond avec 2 c. à s. de confiture de fraises. Disposez 375 g de fraises équeutées, coupées en deux, sur la confiture. Montez 4 blancs d'œufs en neige ferme dans un récipient bien propre. Incorporez progressivement 200 g de sucre jusqu'à ce que le mélange soit épais et satiné. Étalez cette meringue sur les fraises et faites cuire 8 à 10 minutes au four, jusqu'à ce qu'elle soit dorée.

Pancakes citron-ricotta

Pour 4 personnes

250 g de ricotta
125 ml de lait
3 œufs, blancs et jaunes séparés
le zeste râpé et le jus de 1 citron non traité
100 g de farine ordinaire
1 c. à c. de poudre à lever
1 pincée de sel
3 c. à s. de sucre en poudre + quelques pincées pour servir
une noisette de beurre doux pour la cuisson

- Dans un saladier, fouettez la ricotta, le lait, les jaunes d'œufs et le zeste de citron. Incorporez la farine, la poudre à lever, le sel et le sucre.

- Montez les blancs d'œufs en neige ferme avec un fouet électrique. Incorporez délicatement les blancs en neige à la préparation à la ricotta.

- Faites chauffer un peu de beurre dans une grande poêle, à feu moyen. Déposez des cuillerées de pâte dans la poêle, de manière à obtenir des pancakes de 7 cm de diamètre. Faites dorer 1 à 2 minutes de chaque côté. Sortez les pancakes de la poêle et gardez-les au chaud. Répétez l'opération avec le reste de la pâte. Vous devez obtenir 24 pancakes.

- Répartissez les pancakes sur 4 assiettes, en les empilant. Arrosez avec du jus de citron, saupoudrez de sucre, puis servez.

---

10 MINUTES

Pancakes express au citron

Réchauffez 8 pancakes prêts à l'emploi, en suivant les instructions du paquet. Saupoudrez de sucre et arrosez avec un filet de jus de citron, selon votre goût. Servez 2 pancakes par personne, avec des quartiers de citron.

30 MINUTES

Crêpes au beurre citronné

Mélangez 100 g de farine tamisée et 1 pincée de sel. Faites un puits. Mettez 2 œufs dans le puits et incorporez progressivement la farine. En fouettant, ajoutez 300 ml de lait jusqu'à obtention d'une pâte lisse. Incorporez 2 c. à s. de beurre fondu. Préparez le beurre citronné en fouettant 125 g de beurre mou, 125 g de sucre glace et le zeste râpé de 1 citron non traité jusqu'à obtention d'un mélange léger. Placez au frais pendant que vous préparez les crêpes. Faites chauffer un peu de beurre dans une poêle à crêpes de 20 cm de diamètre. Versez 1 louchée de pâte dans la poêle, en l'inclinant pour en napper le fond. Faites dorer 1 à 2 minutes, puis retournez la crêpe et faites cuire encore 1 minute. Répétez l'opération avec le reste de la pâte pour obtenir 8 crêpes au total. Maintenez-les au chaud. Faites fondre une noisette de beurre citronné dans la poêle, avec un peu de jus de citron. Réchauffez 1 crêpe dans le beurre moussant, puis pliez-la en quatre. Réchauffez les autres crêpes de la même manière. Servez 2 crêpes par personne.

Bananes et noix de pécan, crème caramélisée

Pour 4 personnes

100 g de sucre roux
2 c. à s. de golden syrup ou de miel liquide
50 g de beurre doux coupé en petits dés
300 g de lait concentré
2 c. à s. de crème pâtissière en poudre
2 c. à s. d'eau froide
2 c. à s. de rhum (facultatif)
4 grosses bananes coupées en rondelles
50 g de noix de pécan hachées

- Faites chauffer le sucre, le golden syrup et le beurre à feu moyen, en remuant de temps en temps. Quand le mélange bout, ajoutez 200 ml de lait concentré et faites cuire 3 minutes.

- Diluez la crème pâtissière en poudre dans 2 cuillerées à soupe d'eau froide. Incorporez progressivement le reste du lait concentré, jusqu'à obtention d'un mélange lisse. Versez cette préparation dans la sauce chaude et faites cuire 2 à 3 minutes, en remuant constamment, jusqu'à obtention d'un mélange épais et lisse. Ajoutez le rhum.

- Répartissez les rondelles de bananes et les noix de pécan dans 4 coupelles, nappez de sauce chaude et servez aussitôt.

Bananes et sauce au caramel

Faites fondre 65 g de beurre et 125 g de cassonade dans une grande poêle, à feu moyen. Déposez 4 bananes entières, pelées, et faites cuire 3 à 4 minutes de chaque côté. Ajoutez 2 c. à s. de rhum (facultatif) et faites cuire encore 2 à 3 minutes. Servez aussitôt, avec la sauce au rhum et de la glace à la vanille.

Puddings banane-caramel

Versez 125 g de farine à levure incorporée et 100 g de sucre dans un saladier. Avec un fouet, incorporez 2 bananes écrasées, 1 œuf légèrement battu, 2 c. à s. de golden syrup ou de miel liquide, 125 ml de lait et 80 g de beurre fondu. Ajoutez enfin 50 g de noix de pécan hachées. Versez la pâte dans 4 moules beurrés (contenance 450 ml), posés sur une plaque de cuisson. Portez à ébullition 150 g de cassonade, 4 c. à s. de golden syrup ou de miel liquide et 250 ml d'eau, en remuant, jusqu'à ce que le sucre soit dissous. Répartissez cette sauce dans les moules. Faites cuire 20 à 25 minutes dans un four à 180 °C.

Pain perdu à la cannelle et aux fruits rouges

Pour 4 personnes

1 gros œuf
1 c. à c. de cannelle moulue
2 c. à s. de sucre en poudre
125 ml de lait
une noix de beurre
   pour la cuisson
4 épaisses tranches
   de pain brioché
375 g d'un mélange
   de fruits rouges (fraises,
   framboises, myrtilles,
   groseilles, cassis)
glace à la vanille pour servir

- Mélangez l'œuf, la cannelle et le sucre dans une assiette creuse. Ajoutez le lait en fouettant.
- Faites chauffer une grande poêle à feu moyen et faites fondre un peu de beurre. Plongez 2 tranches de brioche dans la préparation à l'œuf, puis posez-les dans la poêle chaude. Faites dorer 2 à 3 minutes de chaque côté. Sortez les tranches de la poêle et gardez-les au chaud. Faites cuire le reste du pain brioché de la même manière, en ajoutant du beurre si nécessaire.
- Servez ce pain perdu avec des fruits rouges et de la glace à la vanille.

Pain perdu et compote de fruits rouges Dans une grande casserole, faites chauffer 500 g de fruits rouges (framboises, fraises équeutées et coupées en deux, cassis) avec 75 g de sucre et 2 à 3 c. à s. d'eau. Portez à ébullition et laissez mijoter 5 minutes, puis laissez refroidir 10 minutes. Pendant ce temps, préparez la brioche comme ci-dessus. Servez le pain perdu nappé de compote refroidie.

Pain brioché grillé aux fruits rouges Préparez une compote de fruits rouges (voir ci-contre). Versez la compote bouillante dans une passoire, pour séparer les fruits du jus. Laissez refroidir 10 minutes. Faites griller 8 tranches de pain brioché. Posez 4 tranches sur 4 assiettes, arrosez avec une partie du jus et parsemez de fruits rouges. Posez les autres tranches dessus. Nappez avec le reste du jus et des fruits en compote.

Brochettes de fruits, sauce aux marshmallows

Pour 4 personnes

250 g de fruits mélangés (petites fraises, bananes, cerises et framboises)
250 g de marshmallows blancs et roses
100 ml de crème liquide

- Préparez les fruits : équeutez les fraises, taillez les bananes en rondelles, dénoyautez les cerises... Piquez les fruits sur des petites brochettes en bambou.

- Faites chauffer les marshmallows et la crème liquide à feu doux dans une casserole antiadhésive. Remuez constamment jusqu'à ce que les marshmallows aient fondu. Versez ce mélange dans un bol chaud et servez avec les brochettes de fruits à tremper.

Brochettes de marshmallows et sauce au chocolat Faites fondre 50 g de chocolat noir au bain-marie. Avec un fouet, incorporez 15 g de beurre et 3 c. à s. de crème fraîche jusqu'à obtention d'une sauce lisse. Enfilez 200 g de marshmallows blancs et roses sur 8 petites brochettes en métal. Passez les marshmallows au-dessus de la flamme du gaz, pour roussir leurs arêtes, ou utilisez un chalumeau de cuisine. Servez 2 brochettes par personne, avec la sauce au chocolat.

30 MINUTES

Mousse aux marshmallows
Préparez la sauce aux marshmallows en suivant la recette ci-dessus et placez-la pour 5 minutes au frais. Montez 2 blancs d'œufs en neige ferme, puis incorporez-les délicatement à la sauce. Versez la mousse dans 4 verres et faites prendre 10 à 15 minutes au frais. Décorez avec des minimarshmallows.

Brochettes de fruits, sauce aux marshmallows

Pour 4 personnes

250 g de fruits mélangés (petites fraises, bananes, cerises et framboises)
250 g de marshmallows blancs et roses
100 ml de crème liquide

- Préparez les fruits : équeutez les fraises, taillez les bananes en rondelles, dénoyautez les cerises… Piquez les fruits sur des petites brochettes en bambou.

- Faites chauffer les marshmallows et la crème liquide à feu doux dans une casserole antiadhésive. Remuez constamment jusqu'à ce que les marshmallows aient fondu. Versez ce mélange dans un bol chaud et servez avec les brochettes de fruits à tremper.

Brochettes de marshmallows et sauce au chocolat Faites fondre 50 g de chocolat noir au bain-marie. Avec un fouet, incorporez 15 g de beurre et 3 c. à s. de crème fraîche jusqu'à obtention d'une sauce lisse. Enfilez 200 g de marshmallows blancs et roses sur 8 petites brochettes en métal. Passez les marshmallows au-dessus de la flamme du gaz, pour roussir leurs arêtes, ou utilisez un chalumeau de cuisine. Servez 2 brochettes par personne, avec la sauce au chocolat.

30 MINUTES

Mousse aux marshmallows
Préparez la sauce aux marshmallows en suivant la recette ci-dessus et placez-la pour 5 minutes au frais. Montez 2 blancs d'œufs en neige ferme, puis incorporez-les délicatement à la sauce. Versez la mousse dans 4 verres et faites prendre 10 à 15 minutes au frais. Décorez avec des minimarshmallows.

Sundaes Rocky Road

Pour 4 personnes
8 c. à s. de sauce au chocolat prête à l'emploi
100 g de cookies au chocolat émiettés
16 petites boules de glace à la vanille
200 g de marshmallows blancs et roses

Pour servir
quelques minimarshmallows
un peu de chocolat râpé

- Réchauffez la sauce au chocolat à feu doux.
- Pendant ce temps, déposez quelques morceaux de cookies, 2 petites boules de glace à la vanille et 25 g de marshmallows dans 4 coupes à glace. Arrosez avec 1 cuillerée à soupe de sauce au chocolat. Répétez les couches, en finissant par la sauce au chocolat.
- Décorez avec quelques minimarshmallows et du chocolat râpé. Servez aussitôt, avec des cuillères à long manche.

Cookies Rocky Road Fouettez 125 g de beurre mou et 125 g de sucre roux avec un fouet électrique. En fouettant, incorporez 1 œuf battu et 1 c. à s. de lait. Ajoutez 1 c. à s. de cacao, 125 g de farine, ½ c. à c. de poudre à lever et 50 g de chocolat blanc et de chocolat au lait en petits morceaux. Déposez des cuillerées de pâte sur une plaque de cuisson recouverte de papier sulfurisé, en les espaçant largement. Aplatissez légèrement les petits tas et faites cuire 5 minutes dans un four à 180 °C. Sortez les biscuits du four et parsemez-les de 25 g de minimarshmallows et de 50 g de petits morceaux de chocolat blanc et noir, en les enfonçant dans la pâte. Poursuivez la cuisson 5 à 6 minutes : les cookies doivent encore être moelleux au toucher. Laissez refroidir 5 minutes sur la plaque, puis posez les cookies sur une grille. Conservez dans un récipient hermétique et servez avec de la glace à la vanille.

Bouchées Rocky Road Faites fondre 100 g de chocolat noir avec 1 c. à s. de miel et 50 g de beurre, en remuant de temps en temps, jusqu'à ce que le mélange soit lisse et satiné. Ajoutez 125 g de cookies aux pépites de chocolat en morceaux et 75 g de minimarshmallows. Versez la préparation dans 12 caissettes en papier et laissez prendre 20 minutes au frais. Conservez ces bouchées 3 à 4 jours dans un récipient hermétique et servez-les avec le café.

Beignets de bananes au sésame, sauce au beurre de cacahuètes

 20 MINUTES

Pour 4 personnes
50 g de farine à levure incorporée
2 c. à s. de graines de sésame
1 œuf, blanc et jaune séparés
5 c. à s. de lait froid
4 bananes coupées
  en 4 tranches obliques
huile végétale pour la friture

**Pour la sauce au beurre
  de cacahuètes**
150 g de beurre de cacahuètes
  crémeux (sans morceaux)
le zeste râpé et le jus
  de 1 citron vert
100 ml d'eau

- Préparez la sauce en faisant chauffer les ingrédients à feu doux, en remuant.

- Mélangez la farine et les graines de sésame dans un récipient. Faites un puits. Mettez le jaune d'œuf dans le puits, avec le lait, et fouettez jusqu'à obtention d'une pâte épaisse. Montez le blanc d'œuf en neige ferme et incorporez-le à la pâte. Plongez les morceaux de banane dans la pâte et remuez pour les enrober.

- Faites chauffer environ 5 cm d'huile dans un wok ou une grande poêle. Vérifiez la température en laissant tomber une goutte de pâte dans l'huile : la pâte doit rapidement remonter à la surface et commencer à dorer. Faites frire les bananes 3 à 4 minutes. Sortez les beignets avec une écumoire et posez-les sur du papier absorbant. Servez aussitôt, avec la sauce au beurre de cacahuètes.

---

10 MINUTES

Sandwichs banane-chocolat-beurre de cacahuètes
Fouettez 2 gros œufs et 250 ml de lait. Étalez 2 c. à s. de beurre de cacahuètes sur 1 tranche de pain blanc, et 2 c. à s. de pâte à tartiner au chocolat sur une autre tranche. Taillez 1 grosse banane en rondelles fines. Rangez la moitié des rondelles sur le beurre de cacahuètes. Posez l'autre tranche sur la banane, côté chocolaté vers le bas. Pressez légèrement. Trempez le sandwich dans le mélange aux œufs et laissez-le s'imprégner quelques instants avant de le tourner. Préparez un deuxième sandwich. Faites chauffer un peu de beurre dans une poêle et faites cuire les sandwichs 2 à 3 minutes de chaque côté, jusqu'à ce qu'ils soient dorés. Coupez chaque sandwich en deux, dans la diagonale, et servez 1 triangle par personne.

30 MINUTES

Pudding banane-beurre de cacahuètes Enlevez les croûtes de 8 tranches de pain blanc. Tartinez les tranches avec 100 g de beurre de cacahuètes crémeux, puis coupez-les en deux. Taillez 3 bananes en tranches fines. Disposez la moitié des rondelles dans le fond d'un plat à four beurré. Posez les tranches de pain sur les fruits et finissez par une couche de bananes. Nappez avec 500 g de crème pâtissière et laissez reposer 5 minutes. Saupoudrez avec 2 c. à s. de cassonade et faites cuire 20 minutes dans un four à 180 °C.

30 MINUTES

Moelleux aux dattes, sirop d'érable et noix de pécan

Pour 6 personnes

150 g de beurre doux coupé en petits dés + une noisette pour les moules
175 g de dattes dénoyautées
200 ml d'eau froide
50 ml de sirop d'érable + 6 c. à c.
3 œufs battus
175 g de farine à levure incorporée
50 g de noix de pécan hachées
crème anglaise pour servir

- Beurrez 6 moules à puddings en métal (contenance 150 ml) et posez-les sur une plaque de cuisson. Mettez les dattes et l'eau dans une casserole, et portez à ébullition. Couvrez et laissez mijoter 5 à 6 minutes à feu doux. Mettez les dattes dans un grand récipient et écrasez-les avec le dos d'une cuillère ou avec une fourchette.

- Ajoutez le beurre et 50 ml de sirop d'érable, et remuez jusqu'à ce que le beurre soit fondu. Incorporez délicatement les œufs, la farine et les noix de pécan.

- Déposez 1 cuillerée à café de sirop d'érable dans le fond de chaque moule, puis répartissez la pâte. Faites cuire 20 minutes dans un four préchauffé à 180 °C, jusqu'à ce que les gâteaux soient gonflés et fermes au toucher. Laissez refroidir quelques minutes dans les moules.

- Démoulez les moelleux en les retournant dans des petites assiettes, nappez de crème anglaise et servez.

10 MINUTES

Sauce aux dattes et au sirop d'érable Faites chauffer à feu doux 50 g de beurre, 2 c. à s. de sucre roux, 2 c. à s. de sirop d'érable et 100 g de dattes dénoyautées et hachées. Remuez jusqu'à ce que le beurre ait fondu et que le sucre soit dissous. Incorporez 3 c. à s. de crème fraîche et laissez épaissir 2 à 3 minutes. Délicieux avec de la crème glacée.

20 MINUTES

Tarte aux dattes et au sirop d'érable Posez un fond de tarte précuit sur une plaque de cuisson. Coupez 15 dattes medjool en deux et dénoyautez-les. Faites chauffer 75 g de beurre, 3 c. à s. de sirop d'érable et 50 g de sucre roux à feu doux, en remuant. Quand le sucre est dissous, ajoutez 100 g de noix ou de noix de pécan hachées, ainsi que les dattes. Versez ce mélange sur le fond de tarte et faites cuire au four 12 à 15 minutes à 180 °C. Laissez refroidir légèrement avant de servir.

30 MINUTES — Trifle aux framboises

Pour 6 à 8 personnes
120 g de génoise
100 ml de xérès doux (facultatif)
150 g de confiture de framboises
1 c. à s. de jus de citron
250 g de framboises
400 ml de crème fleurette
25 g d'amandes effilées grillées pour décorer

Pour la crème vanille
500 ml de lait
2 c. à c. d'extrait de vanille
4 jaunes d'œufs
50 g de sucre en poudre
2 c. à c. de fécule de maïs

- Préparez la crème vanille en faisant chauffer le lait et l'extrait de vanille. À part, fouettez les jaunes d'œufs, le sucre et la fécule de maïs avec un fouet électrique. Quand le lait est sur le point de bouillir, versez-le progressivement dans la préparation aux œufs, en fouettant. Reversez le tout dans la casserole et faites chauffer 2 à 3 minutes à feu moyen, sans cesser de fouetter, jusqu'à épaississement. Versez la crème dans un bol, recouvrez de film alimentaire et placez au frais.

- Disposez des tranches de génoise dans le fond d'un saladier. Arrosez avec le xérès. Mélangez la confiture et le jus de citron dans un bol et étalez ce mélange sur la génoise. Ajoutez les framboises et versez la crème vanille refroidie.

- Fouettez la crème fleurette avec un fouet électrique. Répartissez-la sur la crème vanille et décorez avec les amandes grillées. Servez aussitôt ou placez au frais.

10 MINUTES

Trifles express Coupez 350 g de génoise en tranches de 1 cm d'épaisseur. Superposez les tranches 2 par 2, en les tartinant avec 100 g de confiture de framboises. Coupez des dés de génoise que vous répartirez dans 6 verres. Arrosez avec 100 ml de xérès (facultatif) et parsemez de 200 g de framboises. Nappez avec 500 g de crème vanille toute faite. Fouettez 300 ml de crème fleurette en chantilly que vous étalerez sur la crème vanille. Décorez avec quelques framboises et servez aussitôt.

20 MINUTES

Trifle d'été Portez doucement à ébullition 300 ml de vin liquoreux et 6 c. à s. de sucre. Laissez frémir 7 à 8 minutes, jusqu'à obtention d'un sirop. Coupez 350 g de génoise ou de biscuit de Savoie en gros morceaux. Répartissez les morceaux dans 6 bols. Arrosez avec la moitié du sirop. Fouettez 400 ml de crème fleurette avec un fouet électrique jusqu'à ce que des pointes souples se forment. Répartissez cette crème sur le gâteau. Coupez 3 pêches ou nectarines dénoyautées en tranches et répartissez-les sur la crème fouettée, avec 175 g de framboises. Arrosez avec le reste du sirop et servez aussitôt.

30 MINUTES — Key lime pie

Pour 6 à 8 personnes
225 g de biscuits sablés émiettés
100 g de beurre doux fondu
3 gros jaunes d'œufs
1 c. à s. de zeste de citron vert râpé
400 g de lait concentré sucré
le jus de 4 ou 5 citrons verts
 (environ 150 ml)

Pour décorer
crème fouettée
tranches de citron vert

- Mélangez les biscuits émiettés et le beurre fondu. Tassez ce mélange dans le fond et sur la paroi d'un moule cannelé à fond amovible de 20 cm de diamètre. Posez le moule sur une plaque de cuisson et faites cuire 5 minutes dans un four préchauffé à 180 °C.
- Fouettez les jaunes et le zeste de citron avec un fouet électrique pendant 3 à 4 minutes, jusqu'à épaississement. Ajoutez le lait concentré et continuez de fouetter 5 minutes. Incorporez le jus des citrons.
- Versez la préparation sur le fond biscuité et remettez dans le four pour 8 à 10 minutes, jusqu'à ce que la garniture soit cuite. Laissez refroidir 5 minutes dans le moule, puis placez au frais pour 5 minutes.
- Décorez avec de la crème fouettée et des tranches de citron, et servez.

Crèmes au chocolat, citron vert et mascarpone Mélangez 150 g de sablés au chocolat émiettés et 25 g de beurre fondu. Répartissez ce mélange dans 6 verres. Fouettez 250 g de mascarpone, le zeste et le jus de 2 citrons verts, 150 ml de crème fraîche et 50 g de sucre glace avec un fouet électrique jusqu'à épaississement. Répartissez dans les verres, décorez avec du chocolat râpé et servez.

Key lime pie sans cuisson
Mélangez 225 g de sablés émiettés et 75 g de beurre fondu. Tassez ce mélange dans le fond et sur la paroi d'un moule cannelé à fond amovible de 20 cm de diamètre. Fouettez 300 ml de crème fraîche, le jus et le zeste râpé de 4 citrons verts et 225 g de lait concentré sucré jusqu'à obtention d'une crème épaisse et crémeuse. Versez ce mélange sur le fond biscuité et placez au frais jusqu'au moment de servir.

Riz au lait au citron et aux amandes

Pour 4 personnes
100 g de riz rond rincé
50 g de sucre en poudre
le zeste râpé et le jus de 2 citrons non traités + un peu de zeste pour décorer
100 g de raisins secs
450 ml d'eau bouillante
400 g de lait concentré
25 g d'amandes effilées

- Versez le riz, le sucre, le zeste et le jus des citrons, les raisins secs et l'eau bouillante dans une casserole. Laissez frémir, sans couvrir, pendant 20 à 25 minutes. Ajoutez le lait concentré et laissez mijoter encore 5 minutes, jusqu'à ce que le riz soit fondant.
- Pendant ce temps, faites griller les amandes effilées à sec, dans une poêle, pendant 1 à 2 minutes.
- Versez le riz dans des bols chauds, parsemez d'amandes grillées et de zeste râpé. Servez aussitôt.

10 MINUTES

Riz au lait express au citron
Réchauffez 800 g de riz au lait en conserve pendant 5 à 6 minutes. Ajoutez le zeste râpé et le jus de 2 citrons, ainsi que 100 g de raisins secs. Parsemez d'amandes grillées et servez.

20 MINUTES

Risotto aux canneberges et aux raisins secs Versez 150 g de riz arborio dans une grande casserole, avec 1 litre de lait, 50 g de raisins secs, 50 g de canneberges séchées et 1 c. à c. d'extrait de vanille. Portez à ébullition, puis réduisez le feu et laissez mijoter 15 à 20 minutes, sans couvrir, en remuant de temps en temps. Servez aussitôt.

30 MINUTES

Petits puddings au caramel

Pour 4 personnes

50 g de beurre doux
150 g de sucre roux
25 ml de golden syrup ou de miel liquide
1 c. à c. d'extrait de vanille
150 ml de crème fraîche
300 g de pain d'épices taillé en 8 tranches épaisses
glace à la vanille pour servir (facultatif)

- Faites chauffer le beurre à feu doux, avec le sucre et le golden syrup ou le miel. Remuez de temps en temps, jusqu'à ce que le sucre soit dissous. Portez à ébullition, puis laissez frémir à petits bouillons pendant 2 à 3 minutes. Ajoutez la vanille et la crème, et remuez soigneusement. Laissez refroidir légèrement.

- Mettez 2 tranches de cake dans le fond de 4 ramequins (contenance 250 ml). Arrosez avec la crème caramel. Posez les ramequins sur une plaque de cuisson et faites cuire 12 à 15 minutes dans un four préchauffé à 180 °C, jusqu'à ce que la crème bouillonne.

- Laissez reposer 4 à 5 minutes avant de servir avec de la glace à la vanille, si vous le souhaitez.

10 MINUTES

Sauce caramel au gingembre

Faites chauffer à feu doux 300 ml de crème fraîche et 125 g de cassonade. Quand la cassonade est dissoute, ajoutez 1 morceau de gingembre confit finement haché et 2 c. à s. de sirop de gingembre. Portez à ébullition et laissez épaissir 2 à 3 minutes. Délicieux avec de la crème glacée.

20 MINUTES

Pudding express au caramel

Taillez 300 g de pain d'écpices en tranches épaisses. Disposez les tranches dans un plat à four (contenance 900 ml). Nappez avec 250 ml de crème au caramel toute faite. Faites cuire 15 minutes dans un four à 180 °C, jusqu'à ce que la crème bouillonne. Laissez reposer 2 à 3 minutes avant de servir, avec de la glace à la vanille.

20 MINUTES

Tartelettes très sucrées

Pour 6 à 8 personnes

350 ml de golden syrup
   ou de miel liquide
   ou de sirop d'érable
100 g de chapelure blanche
   fraîche
le zeste râpé de 1 gros citron
1 œuf battu
8 fonds de tartelettes précuits
   de 8 cm de diamètre
glace à la vanille ou crème fraîche
   pour servir

- Faites chauffer le golden syrup à feu doux pour le fluidifier. Hors du feu, incorporez la chapelure, le zeste de citron et l'œuf. Versez la préparation dans un pot.

- Posez les fonds de tartelettes sur une plaque de cuisson et répartissez-y la préparation au golden syrup. Faites cuire 12 à 15 minutes dans un four préchauffé à 180 °C, jusqu'à ce que la garniture ait pris et soit légèrement dorée.

- Laissez refroidir légèrement et servez chaud, avec de la crème glacée ou de la crème fouettée.

Gaufres à la banane et sirop aux noix de pécan

Faites chauffer 125 ml de golden syrup ou de miel liquide et 50 g de noix de pécan hachées à feu doux. Faites griller 6 gaufres, puis déposez-les dans 6 bols. Taillez 6 bananes en rondelles que vous répartirez sur les gaufres. Déposez 1 boule de glace à la vanille dans chaque bol. Arrosez avec le sirop chaud et servez.

Tarte sucrée à l'orange

Posez un fond de tarte précuit sur une plaque de cuisson. Faites chauffer 300 ml de golden syrup ou de miel liquide à feu doux pour le fluidifier. Hors du feu, ajoutez 100 g de chapelure blanche, le zeste râpé de 1 orange et 1 œuf battu. Versez ce mélange sur le fond de tarte et faites cuire 15 à 20 minutes dans un four à 180 °C. Servez chaud.

30 MINUTES — Petits gâteaux myrtille-citron

Pour 4 personnes

100 g de beurre doux en pommade + une noix pour les moules
1 citron
4 c. à c. de golden syrup ou de miel liquide
100 g de sucre en poudre
2 gros œufs
100 g de farine à levure incorporée, tamisée
125 g de myrtilles
crème anglaise ou crème liquide pour servir (facultatif)

- Beurrez 4 moules à puddings en métal (contenance 200 ml). Posez un disque de papier sulfurisé dans le fond. Posez les moules sur une plaque de cuisson. Râpez le zeste du citron, puis coupez-le en deux. Taillez 4 tranches fines dans une des moitiés et réservez l'autre moitié.

- Déposez 1 tranche de citron dans le fond de chaque moule. Arrosez de 1 cuillerée à café de golden syrup ou de miel.

- Fouettez le beurre, le sucre et le zeste râpé avec un fouet électrique. En fouettant, incorporez les œufs et le jus de ½ citron. Incorporez la farine et les myrtilles.

- Répartissez la pâte dans les moules et lissez la surface. Faites cuire 15 à 20 minutes dans un four préchauffé à 190 °C. Laissez refroidir quelques minutes dans les moules. Démoulez les gâteaux, en les retournant sur des assiettes, et servez-les avec de la crème anglaise ou de la crème liquide.

---

10 MINUTES

Muffins aux myrtilles et crème citronnée Émiettez grossièrement 2 muffins aux myrtilles et répartissez dans 4 bols. Faites chauffer 250 g de myrtilles à feu doux, avec 50 g de sucre et 2 c. à s. de jus de citron. Remuez jusqu'à ce que le sucre soit dissous. Versez les myrtilles et leur jus sur les muffins. Fouettez 200 ml de crème fraîche, 200 g de yaourt grec, 1 c. à s. de sucre glace, 2 c. à c. de zeste de citron râpé et 1 c. à s. de jus de citron. Répartissez dans les bols et servez aussitôt.

20 MINUTES

Crème citronnée et coulis de myrtilles Portez à ébullition 125 g de myrtilles, 1 c. à s. de sucre et le jus de 1 citron. Réduisez le feu et laissez mijoter 5 minutes, jusqu'à ce que les myrtilles commencent à éclater. Pressez le mélange à travers une passoire pour obtenir un coulis, puis laissez refroidir. Fouettez 150 ml de crème fraîche avec un fouet électrique jusqu'à ce qu'elle commence à épaissir. Incorporez 300 g de yaourt grec, 3 c. à s. de lemon curd, 2 petites meringues écrasées et 100 g de myrtilles. Versez ⅓ de cette crème dans un plat de service. Arrosez avec 1 c. à s. de coulis. Répétez l'opération 2 fois et servez aussitôt.

30 MINUTES — Tarte aux pommes

Pour 6 à 8 personnes

375 g de pâte feuilletée
  pur beurre prête à l'emploi
farine pour le plan de travail
5 pommes coupées
  en tranches fines
le jus de 1 citron
50 g de beurre doux coupé
  en petits dés
3 c. à s. de sucre en poudre
4 c. à s. de confiture d'abricots
glace à la vanille pour servir
  (facultatif)

- Tapissez une grande plaque de cuisson de papier sulfurisé. Abaissez la pâte feuilletée au rouleau sur un plan de travail fariné, jusqu'à obtention d'un carré de 35 cm de côté. Égalisez le pourtour si nécessaire. Posez la pâte sur la plaque et faites un bourrelet en pinçant la pâte sur tout le tour, pour éviter que du jus ne s'écoule.

- Tournez les tranches de pommes dans le jus de citron. Répartissez quelques dés de beurre sur la pâte et saupoudrez avec 1 cuillerée à soupe de sucre.

- Disposez les pommes sur la pâte, en rangs bien nets, puis parsemez-les avec le reste du beurre et du sucre.

- Faites cuire 15 à 20 minutes dans un four préchauffé à 220 °C, jusqu'à ce que la tarte soit dorée et croustillante.

- Faites chauffer la confiture dans une petite casserole, puis badigeonnez-en les pommes et la pâte. Servez aussitôt, avec de la glace à la vanille.

10 MINUTES

Compote de pommes express

Faites fondre 50 g de beurre dans une casserole. Ajoutez 4 pommes pelées et coupées en morceaux, 2 c. à s. de sucre et ½ c. à c. de cannelle moulue. Faites cuire 4 à 5 minutes, en remuant de temps en temps, jusqu'à ce que les pommes soient fondantes. Servez avec du yaourt à la vanille.

20 MINUTES

Tartelettes aux pommes

Découpez 6 rectangles de 16 x 8 cm dans de la pâte feuilletée pré-étalée. Posez les rectangles sur une plaque de cuisson. Avec un couteau tranchant, faites une entaille sur le pourtour, à 1 cm des bords, sans transpercer la pâte. Piquez le centre avec une fourchette. Répartissez la moitié de 25 g de beurre coupé en petits dés sur la pâte et saupoudrez de 1 c. à s. de sucre. Disposez les tranches de 4 pommes sur la pâte, sans empiéter sur le tour. Parsemez les pommes avec le reste du beurre et saupoudrez avec encore 1 c. à s. de sucre. Faites cuire 12 à 15 minutes dans un four à 200 °C, jusqu'à ce que le dessus soit doré. Badigeonnez avec 2 c. à s. de confiture d'abricots chaude et servez aussitôt.

30 MINUTES

Cheesecakes new-yorkais

Pour 6 personnes

75 g de biscuits sablés émiettés
25 g de beurre doux fondu
200 g de fromage frais allégé
50 g de sucre en poudre
50 g de crème fraîche
le zeste finement râpé
   de ½ citron
1 c. à c. d'extrait de vanille
1 c. à s. de fécule de maïs
2 œufs
framboises pour décorer
sucre glace pour décorer

- Garnissez de caissettes en papier un moule à muffins de 6 alvéoles. Mélangez les biscuits et le beurre, puis tassez ce mélange dans le fond des caissettes. Placez au frais pendant que vous préparez la garniture.

- Fouettez ensemble le fromage frais, le sucre, la crème fraîche, le zeste de citron, la vanille, la fécule de maïs et les œufs.

- Répartissez cette préparation dans les caissettes, sur le fond biscuité. Faites cuire 20 minutes dans un four préchauffé à 160 °C. Laissez refroidir 5 minutes dans le moule.

- Démoulez les cheesecakes, retirez les caissettes en papier, et posez-les sur une assiette. Décorez avec quelques framboises, saupoudrez de sucre glace et servez chaud.

10 MINUTES

Cheesecakes express

Fouettez ensemble 200 g de fromage frais, 2 c. à s. de sucre glace, 125 de crème fraîche, ½ c. à c. d'extrait de vanille et 1 c. à s. de zeste de citron râpé. Déposez des cuillerées de ce mélange sur 12 biscuits sablés et décorez chacun avec 2 framboises. Servez 2 biscuits par personne.

20 MINUTES

Verrines façon cheesecake

Répartissez 7 biscuits sablés émiettés dans 6 verres. Fouettez 350 g de fromage frais, 200 g de crème fraîche, 2 c. à s. de sucre glace, 1 c. à c. d'extrait de vanille et le zeste râpé de ½ citron. Répartissez ce mélange dans les verres, décorez avec quelques framboises et placez pour 10 minutes au frais avant de servir.

30 MINUTES

Barres croustillantes chocolat-abricot

Pour 4 personnes
200 g de chocolat noir parfumé à l'orange à 70 % de cacao
125 g de beurre doux
1 c. à s. de golden syrup ou de miel liquide
4 petites meringues cassées en petits morceaux
125 g de cookies aux pépites de chocolat émiettés
150 g d'abricots secs hachés
cacao en poudre pour décorer

- Chemisez de papier sulfurisé un moule à gâteau rectangulaire de 18 x 28 cm. Faites chauffer le chocolat, le beurre et le golden syrup ou le miel à feu doux, en remuant de temps en temps, jusqu'à obtention d'un mélange lisse et satiné.

- Versez les ingrédients restants dans un saladier et remuez soigneusement. Ajoutez la préparation au chocolat. Remuez jusqu'à ce que tous les ingrédients soient uniformément enrobés de chocolat.

- Versez cette pâte dans le moule et lissez la surface avec le dos d'une cuillère. Placez pour 10 minutes au congélateur, puis pour 10 minutes au réfrigérateur, jusqu'à ce que la préparation soit ferme.

- Glissez la lame d'un couteau le long des parois du moule, retournez le moule sur une planche à découper et retirez le papier sulfurisé. Saupoudrez de cacao en poudre et découpez le gâteau en 16 rectangles. Ces barres se conservent 3 à 4 jours dans un récipient hermétique.

Yaourt croustillant chocolat-abricot Mélangez 500 g de yaourt grec et 25 g de sucre glace dans un saladier. Répartissez la moitié de ce mélange dans 4 verres. Déposez dans chaque verre 2 oreillons d'abricot en conserve. Répartissez 50 g de muesli au chocolat et finissez avec le reste de yaourt. Servez aussitôt.

Croustillant au chocolat et au muesli Faites fondre à feu doux, en remuant, 100 g de chocolat au lait, 2 c. à s. de golden syrup ou de miel liquide et 25 g de beurre. Ajoutez 125 g de muesli croustillant aux fruits à coque. Versez le tout sur une plaque de cuisson recouverte de papier sulfurisé et placez pour 10 à 15 minutes au frais. Émiettez et servez avec de la crème glacée.

30 MINUTES — Tarte au citron meringuée

Pour 6 personnes
un fond de tarte précuit
  en pâte sablée
  de 20 cm de diamètre
400 g de lait concentré écrémé
2 jaunes d'œufs
le zeste râpé et le jus de 2 citrons

Pour la meringue
4 blancs d'œufs
200 g de sucre en poudre

- Posez le fond de tarte sur une plaque de cuisson. Fouettez le lait concentré, les jaunes d'œufs, le zeste et le jus des citrons. Versez cette préparation sur le fond de tarte, en laissant un bord de 1 cm. Montez les blancs d'œufs en neige avec un fouet électrique jusqu'à ce que des pointes souples se forment. Avec le fouet, incorporez progressivement le sucre jusqu'à ce que le mélange soit épais et satiné.
- Étalez la meringue sur la préparation au citron et faites cuire 15 à 20 minutes dans un four préchauffé à 190 °C, jusqu'à ce que le dessus soit doré et croustillant.

Bouchées meringuées au citron Fouettez légèrement 300 ml de crème fraîche avec un fouet électrique jusqu'à ce que des pointes souples se forment. Ajoutez 2 à 3 c. à s. de lemon curd. Utilisez cette crème pour souder 24 minimeringues 2 par 2. Servez 2 bouchées par personne, saupoudrées de sucre glace.

Crèmes meringuées au lemon curd Émiettez grossièrement 8 petites meringues. Fouettez légèrement 300 ml de crème fraîche avec un fouet électrique jusqu'à ce que des pointes souples se forment. Ajoutez 2 à 3 c. à s. de lemon curd et 150 g de yaourt grec. Incorporez délicatement la meringue et répartissez le mélange dans 6 verres. Arrosez avec un filet de lemon curd. Placez pour 10 minutes au frais avant de servir.

Strudel aux pommes et aux raisins secs

30 MINUTES

Pour 6 personnes

3 petites pommes pelées, évidées et coupées en cubes
100 g de raisins secs
50 g de noix de pécan
4 feuilles de pâte filo de 48 x 25 cm
50 g de beurre doux fondu
sucre glace pour saupoudrer
glace à la vanille pour servir (facultatif)

- Mélangez les pommes, les raisins secs et les noix de pécan dans un bol.
- Mettez un torchon propre sur le plan de travail et superposez dessus les feuilles de pâte filo, en badigeonnant chaque feuille de beurre fondu.
- Étalez la garniture sur la pâte, en laissant le bord de 2,5 cm. Repliez les bords latéraux sur la garniture, puis roulez le gâteau, en vous aidant du torchon. Aplatissez légèrement. Placez le gâteau sur une plaque de cuisson et badigeonnez le dessus du beurre restant.
- Enfournez pour 20 minutes dans un four préchauffé à 180 °C, jusqu'à ce que la pâte soit dorée. Saupoudrez de sucre glace et servez avec 1 boule de glace à la vanille, si vous le souhaitez.

10 MINUTES

Aumônières express Pliez 12 rectangles de pâte filo en deux et badigeonnez-les de beurre fondu. Mélangez 75 g de raisins secs et 2 pommes coupées en dés. Déposez 1 cuillerée de ce mélange au centre de chaque carré. Rassemblez la pâte vers le haut et formez des aumônières. Posez-les sur une plaque, badigeonnez de beurre fondu et faites cuire 6 à 8 minutes dans un four à 190 °C. Saupoudrez de sucre glace.

20 MINUTES

Tartelettes pomme-raisin-canneberge Découpez 12 disques de 10 cm de diamètre dans de la pâte feuilletée prête à l'emploi, puis posez-les sur une plaque de cuisson. Avec un emporte-pièce de 8 cm, entaillez les disques sans les transpercer. Badigeonnez le pourtour avec du lait. Mélangez 75 g de raisins secs, 2 pommes coupées en dés et 25 g de canneberges séchées. Déposez 1 cuillerée de ce mélange au centre de chaque disque de pâte, puis parsemez de 50 g de noix de pécan hachées. Glissez la plaque dans le haut du four et faites dorer 12 à 15 minutes à 220 °C. Saupoudrez de sucre glace et servez 2 tartelettes chaudes par personne.

Fruits frais, sauce au caramel

Pour 4 à 6 personnes

75 g de beurre doux
175 g de sucre roux
2 c. à s. de golden syrup
   ou de miel liquide
1 c. à c. d'extrait de vanille
150 ml de crème fraîche
quartiers de pommes
   et rondelles de bananes

- Dans une casserole antiadhésive à fond épais, faites chauffer, à feu doux en remuant, le beurre, le sucre, le golden syrup et la vanille. Quand le beurre a fondu et que le sucre est dissous, ajoutez la crème, sans cesser de fouetter. Portez à ébullition et laissez mijoter 5 minutes, jusqu'à épaississement.
- Versez la sauce dans un bol et laissez reposer quelques minutes avant de servir, avec les morceaux de pommes et de bananes.

Sauce caramel aux noisettes

Dans une poêle, faites griller à sec 50 g de noisettes hachées 2 à 3 minutes, sur feu moyen, en remuant. Dans une petite casserole à fond épais, faites chauffer à feu doux 75 g de sucre et 90 ml d'eau jusqu'à ce que le sucre soit dissous. Portez à ébullition et maintenez l'ébullition jusqu'à ce que le caramel soit bien doré. Plongez le fond de la casserole dans l'eau froide pour éviter que le caramel ne fonce trop. Ajoutez délicatement 2 c. à s. d'eau, puis les noisettes et 50 g de beurre, jusqu'à ce que la sauce soit satinée. Servez aussitôt, avec de la crème glacée.

Éclats de caramel aux noisettes

Tapissez une plaque de cuisson de papier d'aluminium légèrement huilé. Dans une casserole à fond épais, faites fondre 100 g de sucre à feu doux. Ne remuez pas, mais secouez de temps en temps la casserole pour que le sucre cuise régulièrement. Quand le sucre s'est transformé en un beau caramel doré, ajoutez 100 g de noisettes grillées hachées. Versez aussitôt le mélange sur l'aluminium et laissez durcir. Mettez le caramel dans un sac résistant et cassez-le avec un rouleau à pâtisserie. Délicieux avec de la crème glacée ou de la mousse au chocolat.

Riz au lait express à l'eau de rose et à la cardamome

Pour 4 à 6 personnes
800 g de riz au lait en conserve
2 c. à c. d'eau de rose
6 gousses de cardamome broyées
50 g de pistaches hachées

- Versez le riz dans une casserole. Ajoutez l'eau de rose et la cardamome, et faites chauffer 5 à 6 minutes à feu doux. Quand le riz est chaud, ajoutez 25 g de pistaches.

- Répartissez le riz dans des bols, décorez avec le reste des pistaches et servez.

Riz au lait à l'eau de rose et figues pochées Faites chauffer 125 g de sucre, 300 ml d'eau et 2 c. à c. d'eau de rose à feu moyen, en remuant. Quand le sucre est dissous, portez à ébullition et laissez cuire 5 minutes. Réduisez le feu et ajoutez 8 figues coupées en deux. Poursuivez la cuisson 8 à 10 minutes, jusqu'à ce qu'elles soient fondantes. Préparez le riz comme ci-dessus, décorez avec les pistaches et servez, avec les figues et leur jus.

Riz au lait parfumé maison
Dans une casserole, versez 100 g de riz rond rincé, 50 g de sucre, 2 c. à c. d'eau de rose, 6 gousses de cardamome broyées et 450 ml d'eau bouillante. Laissez frémir 20 à 25 minutes, sans couvrir. Ajoutez 400 g de lait concentré et laissez mijoter encore 5 minutes. Répartissez le riz dans 4 bols, décorez avec des pistaches hachées et servez.

Fondue au chocolat et pailles aux noisettes

Pour 6 personnes
200 g de chocolat noir coupé en morceaux
300 ml de crème fraîche
25 g de beurre doux
2 c. à s. de cognac ou de liqueur d'orange (facultatif)

Pour les pailles aux noisettes
3 feuilles de pâte filo de 25 x 23 cm
25 g de beurre doux fondu
25 g de sucre en poudre
50 g de noisettes hachées

- Pour préparer les pailles, tapissez une plaque de cuisson de papier sulfurisé. Posez une feuille de pâte filo sur la plaque et badigeonnez-la avec ⅓ du beurre fondu. Saupoudrez avec ⅓ du sucre et ⅓ des noisettes. Répétez les couches avec les ingrédients restants, en finissant par les noisettes et le sucre.

- Coupez la pâte en deux dans la longueur, puis taillez 28 bandelettes d'environ 1 cm de large, en les espaçant légèrement. Faites dorer 4 à 5 minutes dans un four préchauffé à 180 °C. Laissez les pailles refroidir sur une grille pendant que vous préparez la fondue.

- Faites chauffer au bain-marie le chocolat, la crème, le beurre et le cognac pendant 5 à 7 minutes. Remuez de temps en temps, jusqu'à ce que le mélange soit lisse et satiné. Versez le chocolat dans un set à fondue ou dans un bol chaud, et servez aussitôt, avec les pailles aux noisettes.

Pailles aux noisettes, crème glacée et sauce chocolat

Préparez les pailles comme ci-dessus. Faites chauffer à feu doux 300 ml de sauce au chocolat toute faite et 1 c. à s. de liqueur d'orange (facultatif). Plongez 6 petits pots de glace à la vanille de 100 g chacun dans de l'eau chaude et retournez-les sur 6 assiettes. Arrosez avec le chocolat et servez, avec les pailles chaudes.

Fondue au chocolat et torsades feuilletées

Dans un robot, hachez finement 75 g de noisettes. Ajoutez 1 c. à c. de cannelle moulue et 1 c. à s. de sucre. Étalez un peu de ce mélange sur un plan de travail propre. Posez 375 g de pâte feuilletée prête à l'emploi sur le mélange. Parsemez le dessus avec la moitié des noisettes. Abaissez la pâte au rouleau en un rectangle de 30 x 23 cm. Parsemez la pâte avec le reste des noisettes. Avec le rouleau, enfoncez délicatement les noisettes dans la pâte. Coupez des bandelettes de 1 cm de large, puis torsadez-les. Posez les torsades sur une plaque de cuisson et faites dorer 15 à 20 minutes dans un four à 200 °C. Pendant ce temps, préparez la fondue comme ci-dessus et servez, avec les torsades chaudes.

Desserts de fête

Recettes par temps de préparation

30 MINUTES

Tiramisu à la fraise et au chocolat blanc	182
Affogato al caffè et biscuits aux amandes	184
Fondants aux deux citrons	186
Tarte au citron sans cuisson	188
Roulé meringué chocolat blanc-framboises	190
Palets de chocolat aux éclats de caramel	192
Crèmes à l'irish coffee	194
Figues rôties au miel et au marsala	196
Poires cuites aux biscuits florentins	198
Millefeuille aux framboises	200
Tarte Tatin à la banane	202
Croquants à la crème de limoncello	204
Crèmes à la banane et au whisky	206
Crème à la menthe et coupelles en chocolat	208
Pastéis de nata	210
Bombe glacée meringuée chocolat-framboise	212
Petites gelées à la noix de coco et au citron vert	214
Gâteau de polenta à l'orange et au romarin	216
Gâteau roulé meringué aux pistaches et à l'eau de rose	218
Tartelettes au cassis	220
Pots de crème à la lavande	222
Millefeuilles mangue-passion	224
Cheesecakes au café	226
Tarte au chocolat et au marsala	228
Biscuits au parmesan et au romarin, raisin poché	230

20 MINUTES

Tiramisu	182
Affogato al caffè et sirop à la vanille	184
Sabayons aux deux citrons	186
Tartelettes au citron	188
Crèmes meringuées aux framboises	190
Éclats de caramel salé	192
Sabayons à l'irish coffee	194
Sabayons et figues au marsala	196
Poires pochées à la vanille et sauce au caramel chaude	198
Millefeuilles individuels aux framboises	200
Bananes au four, sauce caramel	202
Croquants au chocolat, crème de limoncello	204
Pudding à la banane et à la crème de whisky	206
Mousse à la menthe et au chocolat blanc	208
Petits flans à la noix de muscade	210

10 MINUTES

Mini-omelettes norvégiennes 212	Tiramisu affogato 182	Petites crèmes au citron vert et à la noix de coco 214
Puddings noix de coco et citron vert 214	Affogato al caffè 184	Oranges au sirop de romarin 216
Gâteaux moelleux à la semoule de maïs 216	Tartelettes au citron vert 186	Meringues à l'eau de rose et à la grenade 218
Vacherin à l'eau de rose et à la grenade 218	Tartelettes au citron minute 188	Coulis de cassis 220
Crèmes au cassis et à la menthe 220	Nids meringués aux framboises 190	Crème express aux fruits et à la lavande 222
Biscuits à la lavande 222	Sauce au caramel salé 192	Sirop de fruit de la passion 224
Soufflés mangue-passion 224	Glaces à l'irish coffee 194	Meringues et crème au café 226
Petites crèmes au mascarpone et au café 226	Figues poêlées au marsala 196	Petites crèmes au marsala 228
Sabayons au chocolat 228	Coupe glacée à la poire, sauce caramel 198	Salade de raisin au miel de fleur d'oranger 230
Raisin poché et sirop de romarin 230	Tartelettes express aux framboises 200	
	Gaufres à la banane, sauce caramel et noix de pécan 202	
	Petits paniers garnis à la crème de limoncello 204	
	Trifles à la banane et à la crème de whisky 206	
	Crèmes express à la menthe et au chocolat 208	
	Crème anglaise express 210	
	Omelettes norvégiennes express 212	

20 MINUTES

Tiramisu

Pour 4 à 6 personnes

250 g de mascarpone
250 g de crème à la vanille toute faite
3 c. à s. de marsala ou de cognac
150 ml de café noir corsé, froid
16 à 18 biscuits à la cuiller
2 c. à s. de cacao en poudre

- Dans un saladier, fouettez le mascarpone, la crème à la vanille, le marsala ou le cognac, et 1 cuillerée à soupe de café, avec un fouet électrique, pendant 2 à 3 minutes, jusqu'à obtention d'un mélange lisse et léger.

- Trempez les biscuits à la cuiller dans le reste du café froid, l'un après l'autre, en veillant à ne pas trop les imbiber. Tapissez le fond d'un plat peu profond avec la moitié des biscuits. Répartissez la moitié de la crème au mascarpone sur les biscuits. Saupoudrez la surface avec la moitié du cacao tamisé.

- Répétez les couches et placez au frais jusqu'au moment de servir.

10 MINUTES

Tiramisu affogato Fouettez 200 ml de crème fleurette, 1 c. à s. de sucre glace et 1 c. à s. de marsala (facultatif) avec un fouet électrique jusqu'à ce que des pointes souples se forment. Déposez 1 boule de glace à la vanille et 1 boule de glace au café dans 4 coupes ou tasses. Mettez 1 biscuit à la cuiller dans chaque verre. Versez un filet d'espresso chaud sur la glace et finissez avec 1 cuillerée de crème fouettée et 1 pincée de cacao en poudre. Servez aussitôt.

30 MINUTES

Tiramisu à la fraise et au chocolat blanc Faites fondre au bain-marie 150 g de chocolat blanc. À part, mélangez 250 g de mascarpone et 250 g de crème à la vanille. Avec un fouet, incorporez le chocolat fondu. Plongez 16 biscuits à la cuiller dans 200 ml de vin liquoreux, et déposez-en la moitié dans le fond d'un plat. Disposez 350 g de fraises équeutées, coupées en lamelles, sur les biscuits (gardez-en quelques-unes pour décorer). Nappez avec la moitié de la crème au chocolat. Répétez les couches, placez pour 10 minutes au frais, décorez avec quelques fraises, puis servez.

 **MINUTES**

Affogato al caffè

Pour 4 personnes
8 boules de glace à la vanille de qualité
4 espressos chauds
8 biscuits amaretti pour servir

- Déposez 2 boules de glace dans 4 tasses à capuccino ou 4 verres à latte. Arrosez rapidement avec 1 petite tasse d'espresso chaud.
- Servez aussitôt, avec les amarettis.

20 MINUTES

Affogato al caffè et sirop à la vanille Faites chauffer à feu doux, en remuant, 225 g de sucre, 250 ml d'eau et 1 gousse de vanille fendue et grattée. Quand le sucre est dissous, augmentez le feu et laissez frémir 5 à 6 minutes. Déposez 2 boules de glace à la vanille dans 4 tasses ou verres. Jetez la gousse de vanille et versez 1 c. à s. de sirop dans chaque tasse, avant d'ajouter le café, comme ci-dessus. Utilisez le reste du sirop dans une salade de fruits.

30 MINUTES

Affogato al caffè et biscuits aux amandes Mélangez 50 g de poudre d'amandes et 75 g de sucre. Dans un récipient bien propre, montez 1 blanc d'œuf en neige ferme avec ½ c. à c. d'extrait d'amande. Incorporez délicatement le mélange amandes-sucre. Déposez des cuillerées à café de cette préparation sur 2 grandes plaques de cuisson tapissées de papier sulfurisé. Faites cuire 15 minutes dans un four à 180 °C. Laissez refroidir 5 minutes sur les plaques, puis posez les biscuits sur une grille. Remplacez les amarettis de la recette ci-dessus par ces biscuits maison.

30 MINUTES — Fondants aux deux citrons

Pour 4 personnes

50 g de beurre doux en pommade
125 g de sucre en poudre
le zeste râpé et le jus
   de 1 petit citron
le zeste râpé et le jus
   de 1 citron vert
2 gros œufs, blancs
   et jaunes séparés
50 g de farine à levure incorporée
300 ml de lait

- Fouettez le beurre, le sucre et le zeste de citron et de citron vert avec un fouet électrique, jusqu'à obtention d'un mélange léger. En fouettant, ajoutez les jaunes d'œufs et la farine (le mélange donnera l'impression d'avoir caillé). Sans cesser de fouetter, incorporez le jus de citron et de citron vert, et le lait.

- Montez les blancs d'œufs en neige ferme, dans un récipient parfaitement propre. Incorporez délicatement les blancs à la préparation au citron.

- Posez 4 ramequins (contenance 200 ml) dans un plat à gratin. Répartissez-y la pâte. Versez de l'eau dans le plat, jusqu'à mi-hauteur des ramequins.

- Faites cuire 20 minutes dans un four préchauffé à 180 °C, jusqu'à ce que le dessus soit doré. Une fois cuits, les petits puddings doivent abriter, sous une épaisseur spongieuse, une délicieuse sauce citronnée. Servez aussitôt.

10 MINUTES

Tartelettes au citron vert

Faites fondre 75 g de beurre dans une casserole à fond épais. Ajoutez 3 gros œufs, 75 g de sucre, le zeste râpé de 1 citron vert et 125 ml de jus de citron vert. Faites épaissir à feu doux, en remuant constamment. Répartissez cette crème sur 4 fonds de tarte précuits de 8 cm de diamètre et servez chaud.

20 MINUTES

Sabayons aux deux citrons

Mélangez 50 g de sucre, le jus de ½ citron, 1 c. à c. de zeste de citron, le jus de 1 citron vert et 1 c. à c. de zeste. Remuez jusqu'à ce que le sucre soit dissous. Fouettez 200 ml de crème fleurette avec un fouet électrique. En fouettant, incorporez progressivement 100 ml de vin blanc doux. Ajoutez la préparation au citron et fouettez jusqu'à épaississement. Répartissez le sabayon dans 4 verres et décorez avec un peu de zeste de citron et de citron vert. Servez aussitôt ou placez au frais jusqu'au moment de servir.

Tartelettes au citron

Pour 8 personnes
8 fonds de tartelettes précuits de 8 cm de diamètre
50 g de sucre semoule
100 ml d'eau
1 citron non traité taillé en 8 tranches fines

Pour la crème au citron
2 gros œufs
75 g de sucre en poudre
le zeste finement râpé et le jus de 2 citrons non traités
100 ml de crème fraîche

- Préparez la crème au citron en mixant tous les ingrédients dans un robot ou un blender jusqu'à obtention d'un mélange lisse. Versez la préparation dans un pot.
- Posez les fonds de tartelettes sur une plaque de cuisson. Répartissez-y la crème au citron. Glissez la plaque au centre d'un four préchauffé à 150 °C pour environ 15 minutes, jusqu'à ce que la crème ait juste pris. Laissez refroidir légèrement.
- Pendant ce temps, faites chauffer le sucre semoule et l'eau à feu doux, en remuant de temps en temps, jusqu'à ce que le sucre soit complètement dissous. Plongez les tranches de citron dans le liquide et laissez mijoter 12 à 15 minutes à découvert. Posez les tranches sur du papier sulfurisé pour qu'elles refroidissent légèrement.
- Mettez 1 tranche de citron sur chaque tartelette et servez aussitôt.

Tartelettes au citron minute
Fouettez 250 g de mascarpone et 6 à 8 c. à s. de lemon curd (selon votre goût). Répartissez ce mélange sur 8 fonds de tartelettes précuits de 8 cm de diamètre, saupoudrez de sucre glace et servez.

Tarte au citron sans cuisson
Mélangez 225 g de biscuits sablés émiettés et 75 g de beurre fondu. Tassez ce mélange dans le fond et sur la paroi d'un moule rond cannelé à fond amovible de 20 cm de diamètre. Placez au frais pendant que vous préparez la garniture. Avec un fouet électrique, fouettez 300 ml de crème fraîche, le jus et le zeste râpé de 2 citrons, 225 g de lait concentré sucré et 2 c. à s. de lemon curd. Étalez cette crème sur le fond de tarte. Placez pour 10 minutes au frais, puis servez.

30 MINUTES

Roulé meringué chocolat blanc-framboises

Pour 6 personnes
150 g de framboises
25 g de chocolat blanc fondu pour servir

Pour la meringue
5 blancs d'œufs
225 g de sucre en poudre
½ c. à c. de vinaigre de vin blanc
1 c. à c. de fécule de maïs
½ c. à c. d'extrait de vanille

Pour la garniture au chocolat
150 g de chocolat blanc coupé en petits morceaux
150 ml de crème fraîche

- Préparez la garniture en faisant fondre le chocolat au bain-marie. Versez la crème fraîche dans un bol et incorporez-y le chocolat légèrement refroidi. Placez au frais pendant que vous préparez la meringue.

- Tapissez de papier sulfurisé un moule à roulé de 20 x 30 cm. Montez les blancs d'œufs en neige ferme. Incorporez progressivement le sucre jusqu'à obtention d'un mélange épais et satiné. Incorporez délicatement le vinaigre, la fécule de maïs et la vanille.

- Étalez cette préparation dans le moule et glissez-le au centre d'un four préchauffé à 180 °C. Faites cuire 15 minutes, puis laissez refroidir 5 minutes dans le moule.

- Retournez la meringue sur du papier sulfurisé. Étalez uniformément la garniture au chocolat sur le gâteau. Parsemez de framboises et enroulez la meringue.

- Posez le roulé sur un plat de service. Avant de servir, arrosez avec le chocolat blanc fondu.

10 MINUTES

Nids meringués aux framboises
Faites fondre 150 g de chocolat blanc au bain-marie. Versez 150 ml de crème fraîche dans un bol et incorporez-y le chocolat légèrement refroidi. Remplissez 6 petites coques en meringue avec ce mélange. Ajoutez 150 g de framboises. Décorez avec un peu de chocolat blanc râpé. Servez aussitôt ou placez au frais jusqu'au moment de servir.

20 MINUTES

Crèmes meringuées aux framboises Faites fondre 175 g de chocolat blanc au bain-marie. Versez 300 ml de crème fraîche dans un bol et incorporez-y le chocolat légèrement refroidi. Émiettez grossièrement 6 petites meringues et répartissez-les dans 6 verres. Répartissez ensuite 200 g de framboises dans les verres (gardez-en quelques-unes pour décorer), puis versez la préparation au chocolat. Décorez avec les framboises et un peu de chocolat blanc râpé. Placez au frais jusqu'au moment de servir.

Éclats de caramel salé

Pour 4 personnes
100 g de sucre en poudre
1 c. à c. de gros sel de mer
glace au chocolat pour servir

- Tapissez une plaque de cuisson de papier sulfurisé. Faites chauffer le sucre à feu doux dans une casserole à fond épais. Ne remuez pas. Surveillez le sucre : quand la couche inférieure a fondu, réduisez le feu et remuez jusqu'à ce que tout le sucre soit dissous et légèrement caramélisé.

- Versez le sucre fondu sur la plaque. Parsemez de gros sel et laissez durcir.

- Quand le caramel a pris, au bout de 10 minutes environ, cassez-le en éclats avec un rouleau à pâtisserie.

- Servez ces éclats avec de la glace au chocolat ou utilisez-les pour décorer un sabayon ou une mousse de fruits.

Sauce au caramel salé Faites fondre à feu moyen 100 g de beurre, 75 g de sucre roux, 75 ml de golden syrup ou de miel liquide, 1 c. à c. d'extrait de vanille et 1 c. à c. de gros sel de mer. Ajoutez 300 ml de crème fraîche et laissez légèrement épaissir pendant 5 minutes. Délicieux avec de la crème glacée.

Palets de chocolat aux éclats de caramel Préparez les éclats de caramel comme ci-dessus. Faites fondre 100 g de chocolat noir au bain-marie. Pendant ce temps, dessinez des cercles d'environ 4 cm de diamètre sur du papier sulfurisé. Retournez le papier : vous devez voir les cercles par transparence. Déposez environ ½ c. à c. de chocolat fondu dans chaque cercle. Parsemez de petits éclats de caramel et laissez prendre. Servez ces palets avec de la crème glacée.

20 MINUTES

Sabayons à l'irish coffee

Pour 4 personnes
100 g de sucre en poudre
4 c. à s. de café noir corsé froid
4 c. à s. de liqueur de café
300 ml de crème fraîche
cacao en poudre pour décorer

Pour la garniture
150 ml de crème fleurette
2 c. à c. de sucre vanillé
2 c. à s. de whisky irlandais (facultatif)
4 c. à s. d'eau glacée

- Avec un fouet électrique, fouettez ensemble le sucre, le café, la liqueur et la crème fraîche jusqu'à épaississement. Répartissez ce mélange dans 4 verres et placez au frais pendant que vous préparez la garniture.

- Avec un fouet électrique, fouettez la crème fleurette avec le sucre vanillé, le whisky et l'eau glacée jusqu'à obtention d'un mélange léger et mousseux.

- Déposez la crème fouettée dans les verres, saupoudrez de cacao en poudre et servez aussitôt ou placez au frais jusqu'au moment de servir.

Glaces à l'irish coffee Déposez 2 boules de glace à la vanille dans 4 verres ou tasses. Versez un trait de whisky irlandais dans chaque verre. Versez ensuite 200 ml de café corsé chaud dans chaque verre et servez aussitôt.

Crèmes à l'irish coffee Diluez 2 c. à c. d'espresso instantané dans 2 c. à s. d'eau frémissante. Fouettez 200 g de mascarpone et 2 c. à s. de sucre glace. Ajoutez le café et continuez de fouetter. Incorporez 200 ml de crème fraîche et 2 c. à s. de whisky irlandais, et fouettez jusqu'à ce que le mélange soit crémeux. Répartissez dans 4 verres et placez pour 10 minutes au frais avant de servir.

Figues poêlées au marsala

Pour 4 personnes

50 g de beurre doux
8 grosses figues mûres
    coupées en deux
2 c. à s. de sucre roux
75 ml de marsala
crème fraîche ou mascarpone
    pour servir

- Faites fondre le beurre dans une poêle antiadhésive. Posez les figues dans le beurre moussant, côté coupé vers le bas. Faites dorer environ 2 minutes, puis retournez les figues.

- Saupoudrez de sucre et poursuivez la cuisson 2 minutes. Versez le marsala dans la poêle. Quand il bouillonne, baissez le feu et laissez encore mijoter 2 à 3 minutes, pour que la sauce réduise et devienne sirupeuse.

- Répartissez les figues dans des assiettes et servez aussitôt, avec de la crème fraîche ou du mascarpone.

Sabayons et figues au marsala Beurrez 4 ramequins (contenance 200 ml) et posez-les sur une plaque de cuisson. Déposez 1 grosse figue coupée en deux dans chaque ramequin. Mettez 5 jaunes d'œufs, 2 c. à s. de sucre, 2 c. à s. de miel et 75 ml de marsala dans un récipient au bain-marie. Fouettez pendant environ 8 minutes, avec un fouet électrique, jusqu'à épaississement. Hors du feu, continuez de fouetter 4 minutes, jusqu'à ce que le sabayon soit froid. Versez la préparation sur les figues et faites dorer 2 à 3 minutes sous le gril du four. Servez aussitôt.

Figues rôties au miel et au marsala Faites une profonde entaille en forme de croix dans 8 figues et posez-les dans un plat à four muni d'un couvercle. Arrosez avec 2 c. à s. de miel et 4 c. à s. de marsala. Posez le couvercle et faites cuire 20 minutes dans un four à 200 °C. Servez les figues avec la sauce et du mascarpone.

Poires pochées à la vanille et sauce au caramel chaude

Pour 4 personnes
50 g de sucre en poudre
1 gousse de vanille fendue en deux dans la longueur, grattée
1 c. à s. de jus de citron
600 ml d'eau froide
4 poires mûres pelées, coupées en deux, sans le trognon
glace à la vanille pour servir (facultatif)

Pour la sauce caramel
75 g de beurre doux
150 g de sucre roux
170 g de lait concentré
1 c. à s. de golden syrup ou de miel liquide

- Faites chauffer le sucre, la vanille (graines et gousse), le jus de citron et l'eau dans une grande casserole. Portez à ébullition, en remuant, jusqu'à ce que le sucre soit dissous. Plongez les poires dans le liquide et faites cuire 10 à 15 minutes à feu doux, jusqu'à ce qu'elles soient fondantes.

- Pendant ce temps, faites cuire tous les ingrédients de la sauce à feu doux pendant 2 à 3 minutes, jusqu'à ce que le beurre ait fondu. Portez doucement à ébullition, en remuant constamment, et maintenez l'ébullition 3 à 4 minutes, jusqu'à ce que la sauce ait légèrement épaissi. Retirez la casserole du feu et maintenez la sauce au chaud.

- Égouttez les poires et répartissez-les sur 4 assiettes. Arrosez avec la sauce caramel. Servez aussitôt, avec de la glace à la vanille, si vous le souhaitez.

Coupe glacée à la poire, sauce caramel Préparez la sauce caramel comme ci-dessus. Pelez et coupez en morceaux 4 poires mûres et répartissez-les dans 4 coupes. Déposez 1 grosse boule de glace à la vanille dans chaque coupe, ainsi que 1 biscuit florentin émietté. Arrosez avec la sauce chaude et servez.

Poires cuites aux biscuits florentins Pelez et coupez 4 poires en deux. Retirez le trognon avec une petite cuillère. Déposez les poires dans un plat à four et arrosez avec le jus de 1 citron. Mélangez 50 g de sucre roux et 50 g de beurre ramolli. Déposez des noisettes de ce mélange sur les poires. Faites cuire 10 minutes dans un four à 180 °C. Remplissez chaque cavité laissée par le trognon avec 1 biscuit florentin émietté. Versez 170 g de lait concentré dans le plat et remuez. Remettez pour 10 minutes au four, en remuant la sauce 1 fois. Posez les poires sur 4 assiettes et arrosez avec la sauce.

30 MINUTES

Millefeuille aux framboises

Pour 6 personnes

375 g de pâte feuilletée pré-étalée
300 ml de crème fraîche
2 c. à s. de liqueur de framboise (facultatif)
250 g de framboises
sucre glace pour décorer

- Tapissez de papier sulfurisé une grande plaque de cuisson. Posez la pâte sur le papier et piquez-la avec une fourchette. Mettez une autre feuille de papier sulfurisé sur la pâte et posez une grille par-dessus, pour éviter que la pâte ne gonfle trop pendant la cuisson.

- Faites cuire 10 minutes dans un four préchauffé à 220 °C. Avec un gant, retirez délicatement la grille et le papier sulfurisé, et retournez la pâte. Faites dorer encore 5 minutes. Laissez refroidir sur une grille.

- Pendant ce temps, fouettez légèrement la crème fraîche et la liqueur avec un fouet électrique jusqu'à ce que des pointes souples se forment.

- Découpez 3 rectangles de taille égale dans la pâte. Posez un rectangle de pâte sur un grand plat de service. Nappez avec la moitié de la crème et parsemez avec la moitié des framboises. Répétez les couches, en finissant par un rectangle de pâte. Saupoudrez de sucre glace et servez aussitôt.

10 MINUTES

Tartelettes express aux framboises Fouettez légèrement 300 ml de crème fraîche avec un fouet électrique. Garnissez 6 fonds de tartelettes précuits de 8 cm de diamètre avec la crème fouettée. Disposez 250 g de framboises sur la crème et saupoudrez de sucre glace. Servez aussitôt.

20 MINUTES

Millefeuilles individuels aux framboises Découpez 12 carrés de 8 cm de côté dans 375 g de pâte feuilletée pré-étalée. Posez les carrés de pâte sur une plaque de cuisson et faites dorer 12 à 15 minutes dans un four à 220 °C. Laissez refroidir. Fouettez légèrement 300 ml de crème fraîche avec un fouet électrique. Répartissez la crème fouettée sur 6 carrés de pâte, enfoncez dans la crème 250 g de framboises et posez les 6 autres carrés de pâte sur les framboises. Saupoudrez de sucre glace et servez.

30 MINUTES

Tarte Tatin à la banane

Pour 6 personnes

beurre pour le moule
375 g de pâte feuilletée pré-étalée
4 bananes mûres coupées en deux dans la longueur
150 ml de sauce caramel
glace à la vanille ou crème liquide pour servir (facultatif)

- Beurrez légèrement un moule à tarte de 23 cm de diamètre. Déroulez la pâte et découpez un disque légèrement plus grand que le moule.

- Disposez les bananes dans le fond du moule, côté coupé vers le bas. Arrosez avec la sauce caramel, en nappant uniformément les bananes. Posez la pâte sur les fruits, en la faisant glisser irrégulièrement le long de la paroi, pour que la vapeur puisse s'échapper.

- Faites cuire 20 à 25 minutes dans un four préchauffé à 200 °C, jusqu'à ce que la pâte soit gonflée et dorée. Laissez reposer quelques minutes dans le moule.

- Avec des gants, posez un plat de service sur le moule et retournez. Faites couler sur la tarte le caramel resté dans le moule. Servez aussitôt, avec de la glace à la vanille ou de la crème liquide.

Gaufres à la banane, sauce caramel et noix de pécan Posez 6 gaufres légèrement grillées dans 6 assiettes. Répartissez 6 grosses bananes coupées en rondelles sur les gaufres. Arrosez avec 300 ml de sauce caramel chaude. Parsemez de 25 g de noix de pécan hachées. Servez aussitôt, avec de la glace à la vanille.

Bananes au four, sauce caramel
Faites cuire 6 grosses bananes non pelées dans un four à 180 °C, pendant 15 à 20 minutes. La peau va devenir noire, mais l'intérieur sera fondant. Coupez les bananes en deux dans la longueur et posez-les dans 6 assiettes, avec la peau. Arrosez avec 300 ml de crème caramel chaude, parsemez de noix de pécan hachées et servez, avec 1 boule de glace à la vanille.

30 MINUTES

Croquants à la crème de limoncello

Pour 6 personnes
huile de tournesol
75 g de beurre doux
75 g de sucre en poudre
3 c. à s. de golden syrup ou de miel liquide
75 g de farine ordinaire
1 c. à c. de gingembre moulu
2 c. à s. de cognac
1 c. à s. de jus de citron

Pour la crème de limoncello
200 ml de crème fraîche
3 c. à s. de limoncello

- Huilez les manches de plusieurs cuillères en bois. Tapissez de papier sulfurisé 4 grandes plaques de cuisson.

- Dans une casserole à fond épais, faites chauffer le beurre, le sucre et le golden syrup, ou le miel, à feu moyen. Quand le mélange est homogène, laissez refroidir 2 à 3 minutes, puis ajoutez la farine, le gingembre, le cognac et le jus de citron.

- Déposez des cuillerées à soupe de cette préparation sur les plaques de cuisson, en les espaçant largement. Vous devez avoir entre 12 et 16 biscuits. Glissez les plaques dans le four, 2 par 2, et faites dorer 8 à 10 minutes à 190 °C.

- Laissez refroidir 10 à 15 secondes sur les plaques. Détachez un biscuit avec une palette et enroulez-le autour du manche huilé d'une cuillère en bois. Laissez refroidir sur une grille. Répétez l'opération avec les autres biscuits. S'ils deviennent trop durs, faites-les ramollir quelques instants dans le four.

- Fouettez la crème et le limoncello avec un fouet électrique. Farcissez-en les croquants. Servez aussitôt.

---

10 MINUTES

Petits paniers garnis à la crème de limoncello Préparez la crème de limoncello comme ci-dessus. Garnissez-en 6 petits paniers en pâte à tuiles tout faits. Décorez avec 150 g de framboises et servez aussitôt.

20 MINUTES

Croquants au chocolat, crème de limoncello Faites fondre 50 g de chocolat noir ou de chocolat au lait au bain-marie. Trempez le bout de 12 tuiles croquantes dans le chocolat fondu. Posez les tuiles sur une grille pour que le chocolat durcisse. Préparez la crème de limoncello comme ci-dessus. Garnissez les tuiles avec la crème et servez-en 2 par personne.

10 MINUTES

Trifles à la banane et à la crème de whisky

Pour 4 personnes

200 g de mascarpone
6 c. à s. de crème de whisky
200 g de génoise ou de cake à la banane coupés en dés
3 bananes en rondelles
4 c. à s. de sauce caramel toute faite
350 g de crème vanille du commerce
25 g de noix de pécan hachées

- Dans un bol, fouettez le mascarpone et 2 cuillerées à soupe de crème de whisky. Placez au frais.

- Pendant ce temps, répartissez les dés de génoise dans 4 verres. Arrosez avec le reste de la liqueur. Ajoutez les rondelles de bananes (gardez-en quelques-unes pour décorer). Versez ½ cuillerée à soupe de sauce caramel dans chaque verre. Répartissez la crème vanille et finissez avec le mascarpone.

- Arrosez avec le reste de la crème caramel, décorez avec quelques rondelles de banane et les noix de pécan. Servez aussitôt.

20 MINUTES

Pudding à la banane et à la crème de whisky Disposez 250 g de génoise ou de cake à la banane en tranches dans le fond d'un plat à four (contenance 900 ml). Arrosez avec 2 c. à s. de crème de whisky. Poursuivez avec 2 bananes en rondelles, 25 g de noix de pécan hachées et 250 ml de sauce caramel toute faite. Faites cuire 15 minutes dans un four à 180 °C.

30 MINUTES

Crèmes à la banane et au whisky Portez à ébullition 300 ml de lait et 1 gousse de vanille fendue. À part, fouettez 3 jaunes d'œufs, 1 c. à s. de fécule de maïs et 2 c. à s. de sucre, jusqu'à obtention d'un mélange épais. Filtrez le lait chaud et ajoutez-le, en fouettant constamment. Reversez le mélange dans la casserole et faites épaissir à feu doux, en remuant toujours. La cuisson est terminée quand la crème nappe le dos d'une cuillère. Ajoutez 3 bananes en rondelles et remuez, puis ajoutez 2 c. à s. de crème de whisky. Répartissez la préparation dans 4 bols et servez, chaud ou froid. Décorez avec des noix de pécan hachées et du chocolat râpé.

30 MINUTES

Crème à la menthe et coupelles en chocolat

Pour 6 personnes
150 g de chocolat noir coupé en petits morceaux
feuilles de menthe pour décorer
cacao en poudre pour décorer

Pour la crème à la menthe
75 ml de liqueur de menthe
25 g de sucre en poudre
1 c. à s. de jus de citron vert
300 ml de crème fraîche

- Préparez les coupelles en faisant fondre le chocolat au bain-marie. Dessinez 6 cercles de 12 cm diamètre sur du papier paraffiné, puis découpez-les, 1 cm au-delà de la ligne. (N'utilisez pas de papier sulfurisé, car le chocolat « glisserait » dessus.)

- Retournez 6 verres étroits (verres à long drink) sur une plaque. Versez la moitié du chocolat fondu sur 3 cercles de papier paraffiné. Avec une petite cuillère, étalez le chocolat pour qu'il remplisse le disque, en ondulant joliment le pourtour.

- Posez les disques sur les verres retournés de manière qu'ils prennent la forme d'une coupelle. Répétez l'opération avec le reste du chocolat. Faites raffermir 15 à 20 minutes au frais. Retirez délicatement le papier et remettez au frais.

- Pendant ce temps, préparez la crème à la menthe. Fouettez la liqueur, le sucre et le jus de citron avec un fouet électrique. Incorporez la crème fraîche, sans cesser de fouetter, jusqu'à ce que des pointes souples se forment.

- Garnissez les coupelles en chocolat avec la crème, décorez avec quelques feuilles de menthe et du cacao en poudre, et servez aussitôt.

10 MINUTES

Crèmes express à la menthe et au chocolat Répartissez 6 sablés au chocolat émiettés dans 6 verres. Préparez la crème à la menthe comme ci-dessus, puis versez-la dans les verres. Décorez avec un peu de chocolat râpé et servez aussitôt.

20 MINUTES

Mousse à la menthe et au chocolat blanc Faites fondre 250 g de chocolat blanc au bain-marie. Laissez refroidir légèrement. Fouettez 225 ml de crème fraîche avec un fouet électrique. Incorporez ¼ à ½ c. à c. d'extrait de menthe. Montez 2 blancs d'œufs en neige souple, dans un bol parfaitement propre. Incorporez un peu de chocolat fondu à la crème. Ajoutez le reste du chocolat, puis les blancs en neige. Répartissez la préparation dans 6 verres et placez pour 5 à 10 minutes au congélateur avant de servir.

30 MINUTES

Pastéis de nata

Pour 8 personnes

1 c. à s. de poudre à flan
25 g de sucre en poudre
4 jaunes d'œufs
200 ml de lait
le zeste râpé de 1 citron
200 ml de crème fraîche
½ c. à c. d'extrait de vanille
375 g de pâte feuilletée pré-étalée
½ c. à c. de cannelle moulue
4 c. à s. de sauce caramel toute faite pour servir

- Mélangez la poudre à flan, le sucre et les jaunes d'œufs dans un bol. Ajoutez un peu de lait jusqu'à obtention d'une pâte lisse. Avec un fouet, incorporez le reste du lait. Versez cette préparation dans une casserole avec le zeste de citron et la crème fraîche.

- Faites chauffer à feu moyen, en remuant constamment, pendant 3 à 4 minutes, jusqu'à épaississement. Hors du feu, ajoutez l'extrait de vanille. Laissez refroidir légèrement.

- Découpez 8 disques dans la pâte feuilletée, avec un emporte-pièce de 8 cm. Garnissez-en 8 alvéoles d'un moule à muffins antiadhésif de 12 alvéoles.

- Versez la garniture dans les alvéoles, quasiment à ras bord. Faites cuire 15 à 20 minutes dans un four préchauffé à 200 °C. Laissez refroidir quelques minutes dans le moule.

- Démoulez les tartelettes sur un plat de service, arrosez avec la sauce caramel et servez aussitôt.

10 MINUTES

Crème anglaise express
Versez 400 g de lait concentré dans une casserole, avec 1 c. à c. d'extrait de vanille et 2 c. à s. de sucre. Diluez 2 c. à s. de poudre à flan dans 4 c. à s. d'eau froide. Versez ce mélange dans la casserole et faites chauffer à feu doux, en remuant constamment, jusqu'à ce que la crème bouillonne et épaississe. Délicieux avec un crumble ou une tourte aux fruits.

20 MINUTES

Petits flans à la noix de muscade Faites tiédir 300 ml de crème liquide dans une casserole. À part, fouettez 3 jaunes d'œufs et 50 g de sucre avec un fouet électrique. En fouettant, incorporez la crème tiède. Filtrez la préparation dans un broc. Déposez 8 fonds de tartelettes précuits de 8 cm de diamètre sur une plaque de cuisson. Répartissez la crème. Saupoudrez de noix de muscade et faites cuire 12 à 15 minutes dans un four à 180 °C, jusqu'à ce que le flan ait pris.

Mini-omelettes norvégiennes

Pour 6 personnes

6 tranches de quatre-quarts de 1 cm d'épaisseur
75 g de framboises
1 c. à s. de sucre glace
1 c. à s. de xérès (facultatif)
6 boules de glace à la vanille
4 blancs d'œufs
200 g de sucre en poudre

- Tapissez une plaque de cuisson de papier sulfurisé. Avec un emporte-pièce, découpez des disques de 7 cm de diamètre dans les tranches de quatre-quarts et posez-les sur la plaque.

- Écrasez grossièrement les framboises, le sucre glace et le xérès avec une fourchette. Répartissez ce mélange sur les disques de quatre-quarts. Déposez 1 boule de glace à la vanille sur les framboises et placez au congélateur pendant que vous préparez la meringue.

- Montez les blancs d'œufs en neige ferme. Sans cesser de fouetter, incorporez progressivement le sucre, jusqu'à obtention d'une meringue épaisse et satinée.

- Sortez les gâteaux du congélateur et recouvrez-les rapidement de meringue. Faites cuire 3 à 4 minutes dans un four préchauffé à 220 °C, jusqu'à ce que la meringue soit dorée. Servez aussitôt.

---

10 MINUTES

Omelettes norvégiennes express Répartissez 450 g de framboises dans 6 ramequins (contenance 250 ml). Montez 3 gros blancs d'œufs en neige ferme, dans un récipient bien propre, puis incorporez-y 150 g de sucre, jusqu'à obtention d'un mélange épais et satiné. Déposez 1 boule de glace à la vanille dans chaque ramequin et recouvrez avec la meringue. Faites dorer 3 à 4 minutes dans un four à 220 °C. Servez aussitôt.

30 MINUTES

Bombe glacée meringuée chocolat-framboise Tapissez un moule à pudding (contenance 600 ml) de film alimentaire. Versez-y 500 g de glace au chocolat de qualité, légèrement ramollie. Parsemez la surface avec 125 g de framboises et arrosez avec 2 c. à s. de sauce au chocolat toute faite. Recouvrez avec 3 brownies au chocolat coupés en deux. Tassez légèrement. Laissez raffermir 20 minutes au congélateur. Pendant ce temps, montez 3 blancs d'œufs en neige ferme, dans un récipient parfaitement propre. Incorporez-y progressivement 125 g de sucre, jusqu'à obtention d'un mélange épais et satiné. Retournez la bombe glacée sur une plaque de cuisson, retirez le film alimentaire et recouvrez de meringue. Faites dorer 3 à 4 minutes dans un four à 220 °C. Servez aussitôt.

30 MINUTES

Petites gelées à la noix de coco et au citron vert

Pour 4 personnes

400 ml de lait de coco
25 g de sucre
le zeste finement râpé et le jus de 2 citrons verts
4 feuilles de gélatine
copeaux de noix de coco fraîche pour décorer

- Faites ramollir les feuilles de gélatine dans de l'eau froide. Faites chauffer le lait de coco, le sucre, le zeste et le jus des citrons verts. Quand le mélange est bien chaud, ajoutez les feuilles de gélatine et remuez soigneusement.

- Répartissez la gelée dans 4 moules à darioles métalliques (contenance 150 ml), couvrez avec du film alimentaire et laissez prendre 25 minutes au congélateur. Si vous ne les servez pas tout de suite, sortez les gelées du congélateur et placez-les au réfrigérateur.

- Pendant ce temps, faites griller les copeaux de noix de coco à sec, dans une poêle à feu moyen.

- Démoulez les gelées en plongeant les moules dans de l'eau chaude. Décorez avec les copeaux de noix de coco et servez.

10 MINUTES

Petites crèmes au citron vert et à la noix de coco Fouettez 160 ml de crème de coco en conserve, le zeste râpé et le jus de 1 citron vert, 250 g de yaourt grec à 0 % et 25 g de sucre glace. Versez la préparation dans 4 verres et servez aussitôt.

20 MINUTES

Puddings noix de coco et citron vert Avec un fouet électrique, fouettez 50 g de sucre, 50 g de beurre mou et le zeste finement râpé de 1 citron vert. Incorporez 1 œuf et le jus de 1 citron vert. Ajoutez délicatement 75 g de farine à levure incorporée et 50 g de noix de coco séchée. Versez le mélange dans 4 alvéoles beurrés d'un moule à muffins antiadhésif de 6 alvéoles. Faites cuire 12 à 15 minutes dans un four à 180 °C, jusqu'à ce que les puddings soient gonflés et dorés. Servez avec de la crème anglaise.

30 MINUTES

Gâteau de polenta à l'orange et au romarin

Pour 6 à 8 personnes

175 g de beurre doux en pommade
175 g de sucre en poudre
le zeste finement râpé et le jus de 1 orange
150 g de poudre d'amandes
2 gros œufs
75 g de polenta grosse (semoule de maïs)
½ c. à c. de poudre à lever

Pour le sirop à l'orange

le zeste râpé et le jus de 1 grosse orange
50 g de sucre en poudre
2 c. à s. d'eau
1 c. à s. de romarin ciselé

- Tapissez de papier sulfurisé un moule à gâteau rond de 20 cm de diamètre. Avec un fouet électrique, fouettez le beurre, le sucre et le zeste d'orange jusqu'à obtention d'un mélange léger. Ajoutez la poudre d'amandes et les œufs, et fouettez vigoureusement. Ajoutez le jus d'orange, la polenta et la poudre à lever, et mélangez.

- Versez cette pâte dans le moule et faites cuire 20 à 25 minutes dans un four préchauffé à 180 °C, jusqu'à ce que le gâteau soit gonflé et ferme au toucher.

- Pendant ce temps, versez les ingrédients du sirop dans une casserole et portez à ébullition. Réduisez le feu et laissez frémir 2 à 3 minutes.

- Versez le sirop sur le gâteau, dans le moule, puis démoulez, coupez des parts et servez.

10 MINUTES

Oranges au sirop de romarin Versez 200 g de sucre, 200 ml d'eau et 1 brin de romarin dans une casserole. Portez à ébullition, en remuant. Réduisez le feu et laissez mijoter 5 minutes. Laissez refroidir légèrement, puis filtrez le sirop au-dessus de 6 oranges pelées et coupées en tranches.

20 MINUTES

Gâteaux moelleux à la semoule de maïs Avec un fouet électrique, fouettez 75 g de beurre mou, 75 g de sucre et le zeste finement râpé de ½ orange jusqu'à obtention d'un mélange léger. Ajoutez 50 g de poudre d'amandes, 1 œuf, 100 g de polenta grosse et ½ c. à c. de poudre à lever. Versez cette pâte dans les 6 alvéoles beurrés d'un moule à muffins antiadhésif et faites cuire 12 à 15 minutes dans un four à 180 °C, jusqu'à ce que les gâteaux soient gonflés et fermes au toucher. Préparez le sirop comme ci-dessus. Démoulez les gâteaux, arrosez de sirop et servez.

Meringues à l'eau de rose et à la grenade

Pour 6 personnes
200 ml de crème fraîche
2 c. à c. d'eau de rose
2 c. à s. de sucre glace
quelques gouttes de colorant rose alimentaire (facultatif)
6 petits nids meringués
50 g de graines de grenade
25 g de pistaches hachées grossièrement

- Avec un fouet électrique, fouettez la crème, l'eau de rose, le sucre glace et le colorant jusqu'à ce que des pointes souples se forment.
- Répartissez cette crème dans les petites coques de meringue. Parsemez de graines de grenade et de pistaches hachées, puis servez.

Vacherin à l'eau de rose et à la grenade Avec un fouet électrique, fouettez 450 ml de crème fraîche, 2 c. à c. d'eau de rose, 2 c. à s. de sucre glace et éventuellement quelques gouttes de colorant alimentaire rose. Ajoutez 8 petites meringues émiettées et 75 g de graines de grenade. Répartissez ce mélange dans 6 verres, décorez avec des graines de grenade et 50 g de pistaches hachées. Placez pour 10 minutes au frais avant de servir.

Gâteau roulé meringué aux pistaches et à l'eau de rose Montez 5 blancs d'œufs en neige ferme. Incorporez progressivement 225 g de sucre jusqu'à ce que le mélange devienne épais et satiné. Ajoutez ½ c. à c. de vinaigre blanc, 1 c. à c. de fécule de maïs, ½ c. à c. d'extrait de vanille et 50 g de pistaches hachées. Étalez ce mélange dans un moule à roulé de 20 x 30 cm tapissé de papier sulfurisé. Glissez le moule au milieu du four et faites cuire 15 minutes à 180 °C. Laissez refroidir 5 minutes dans le moule. Retournez le gâteau sur du papier sulfurisé. Avec un fouet électrique, fouettez 300 ml de crème fraîche, 2 c. à c. d'eau de rose et 1 c. à s. de sucre glace jusqu'à ce que des pointes souples se forment. Étalez uniformément ce mélange sur le gâteau meringué, puis parsemez de 75 g de graines de grenade. Enroulez le gâteau, posez-le sur un plat de service et servez.

30 MINUTES

Tartelettes au cassis

Pour 4 personnes

375 g de pâte feuilletée pré-étalée
15 g de beurre doux fondu
3 c. à s. de sucre semoule
2 c. à s. de menthe ciselée
300 g de baies de cassis équeutées
crème fraîche pour servir (facultatif)

- Découpez à l'emporte-pièce cannelé 4 disques de pâte feuilletée de 10 cm de diamètre. Posez les disques sur une plaque de cuisson et piquez-les avec une fourchette jusqu'à 1 cm du bord. Badigeonnez le pourtour des disques de beurre fondu.

- Dans un robot, mixez finement la menthe et le sucre.

- Répartissez le cassis sur la pâte feuilletée, sans en mettre sur le pourtour. Saupoudrez avec la moitié du sucre à la menthe. Faites cuire 15 à 20 minutes dans un four préchauffé à 220 °C, jusqu'à ce que la pâte soit gonflée et dorée.

- Saupoudrez avec le reste du sucre et servez, avec de la crème fraîche.

---

10 MINUTES

Coulis de cassis Dans une casserole, faites chauffer 50 g de sucre avec 2 c. à s. de crème de cassis et 125 g de baies de cassis. Quand le sucre est dissous, laissez mijoter 3 à 4 minutes, jusqu'à ce que les baies soient moelleuses. Réduisez le mélange en purée dans un robot, puis passez-le au tamis. Servez ce coulis avec de la crème glacée ou une salade de fruits frais.

20 MINUTES

Crèmes au cassis et à la menthe Versez 450 g de baies de cassis, 100 g de sucre et 2 c. à s. de crème de cassis dans une casserole. Laissez mijoter 5 à 6 minutes, jusqu'à ce que les baies soient fondantes. Réduisez le mélange en purée dans un robot, puis passez-le au tamis. Fouettez légèrement 150 ml de crème fraîche avec un fouet électrique. Ajoutez 150 g de yaourt grec, 2 c. à s. de menthe ciselée et le coulis de cassis. Répartissez cette préparation dans 4 verres et servez aussitôt.

30 MINUTES

Pots de crème à la lavande

Pour 6 personnes

3 jaunes d'œufs
1 c. à s. de crème pâtissière en poudre
3 c. à s. de sucre à la lavande
300 ml de lait
300 g de mascarpone
125 g de sucre en poudre

- Placez 6 ramequins (contenance 125 ml) au réfrigérateur. Fouettez ensemble les jaunes d'œufs, la crème pâtissière en poudre, le sucre à la lavande et 3 cuillerées à soupe de lait.
- Faites chauffer le reste du lait dans une casserole. Versez le lait chaud petit à petit dans la préparation aux œufs, en fouettant. Reversez le tout dans la casserole et faites cuire 3 à 4 minutes à feu moyen, sans cesser de fouetter, jusqu'à épaississement. Laissez refroidir légèrement. Incorporez le mascarpone en 2 fois, jusqu'à obtention d'un mélange lisse.
- Répartissez la crème dans les ramequins et placez pour 15 minutes au congélateur.
- Faites chauffer le sucre en poudre à feu doux, dans une casserole à fond épais. Ne remuez pas, mais surveillez étroitement le sucre : quand la couche inférieure a fondu, réduisez le feu et remuez jusqu'à ce que tout le sucre soit dissous et joliment caramélisé. Versez ce caramel sur les crèmes, laissez durcir quelques minutes, puis servez.

10 MINUTES

Crème express aux fruits et à la lavande Versez 500 g de compote de fruits toute faite dans 6 ramequins (contenance 150 ml). Répartissez 750 g de yaourt grec sur la compote, puis saupoudrez avec 125 g de sucre à la lavande. Posez les ramequins sur une plaque et faites caraméliser 4 à 5 minutes sous le gril du four bien chaud. Laissez reposer 3 à 4 minutes avant de servir.

20 MINUTES

Biscuits à la lavande Mettez 75 g de farine, 50 g de beurre froid coupé en petits dés et 25 g de sucre à la lavande dans un robot. Travaillez le mélange jusqu'à ce qu'il forme un pâton. Posez la pâte sur un plan de travail fariné et abaissez-la au rouleau sur une épaisseur de 5 mm. Découpez 12 disques avec un emporte-pièce cannelé de 4 cm de diamètre. Posez les disques sur une plaque de cuisson recouverte de papier sulfurisé et faites cuire 10 à 12 minutes dans un four à 180 °C. Servez 2 biscuits par personne, avec du yaourt grec.

 **MINUTES** # Soufflés mangue-passion

Pour 6 personnes
beurre pour les moules
50 g de sucre en poudre
+ 2 c. à s. pour les moules
100 ml de coulis de mangues en conserve
la pulpe filtrée de 3 fruits de la passion
1 c. à s. de fécule de maïs
2 c. à s. d'eau froide
sucre glace pour décorer

Pour la meringue
5 blancs d'œufs
75 g de sucre en poudre

- Beurrez 6 ramequins ou moules à soufflés (contenance 200 ml). Saupoudrez le fond et la paroi avec 2 cuillerées à soupe de sucre. Posez les ramequins sur une plaque de cuisson.

- Faites chauffer à feu doux le coulis de mangues, la pulpe des fruits de la passion et 50 g de sucre, en remuant, jusqu'à ce que le sucre soit dissous. Portez à ébullition. Délayez la fécule de maïs dans l'eau. Versez ce mélange dans la casserole et faites cuire encore 1 minute, en remuant. Versez la préparation dans un grand récipient et placez au frais.

- Pendant ce temps, montez les blancs d'œufs en neige ferme. En fouettant, incorporez progressivement le sucre jusqu'à obtention d'un mélange épais et satiné. Incorporez cette meringue à la préparation à la mangue.

- Répartissez le mélange dans les ramequins, lissez la surface et passez un doigt sur les bords des moules pour enlever toute trace de crème. Faites cuire 10 à 12 minutes dans un four préchauffé à 180 °C, jusqu'à ce que les soufflés soient gonflés et dorés. Saupoudrez de sucre glace et servez.

10 MINUTES

Sirop de fruit de la passion
Faites chauffer à feu doux 225 g de sucre, 250 ml d'eau et la pulpe de 6 fruits de la passion, en remuant, jusqu'à ce que le sucre soit dissous. Augmentez le feu et faites bouillir 5 à 6 minutes, jusqu'à obtention d'un sirop. Servez ce sirop avec du sorbet à la mangue.

30 MINUTES

Millefeuilles mangue-passion
Badigeonnez 3 grandes feuilles de pâte filo avec 25 g de beurre fondu, pour qu'elles collent ensemble. Découpez 12 rectangles de 12 x 5 cm. Posez les rectangles sur une plaque de cuisson et faites dorer 5 à 7 minutes à 180 °C. Laissez refroidir 10 minutes sur une grille. Pendant ce temps, fouettez légèrement 200 ml de crème fraîche avec un fouet électrique. Ajoutez la pulpe de 2 fruits de la passion et 3 c. à s. de coulis de mangues. Placez 10 minutes au frais. Étalez la crème sur 6 rectangles de pâte filo. Posez les autres rectangles sur la crème. Saupoudrez de sucre glace avant de servir.

30 MINUTES — Cheesecakes au café

Pour 6 personnes

75 g de biscuits amaretti émiettés
25 g de beurre doux fondu
2 c. à c. d'espresso instantané
2 c. à s. d'eau frémissante
75 g de sucre en poudre
1 c. à c. d'extrait de vanille
200 g de fromage frais allégé
1 c. à s. de fécule de maïs
2 œufs
150 ml de crème fleurette
cacao en poudre pour décorer

- Garnissez de caissettes en papier un moule à muffins de 6 alvéoles. Mélangez les biscuits et le beurre fondu, puis tassez ce mélange dans le fond des alvéoles. Placez au frais pendant que vous préparez la garniture.
- Diluez l'espresso dans l'eau chaude, puis laissez refroidir.
- Fouettez ensemble le sucre, la vanille, le fromage frais, la fécule de maïs et les œufs, jusqu'à obtention d'un mélange lisse. Incorporez le café.
- Répartissez cette préparation dans les alvéoles et faites cuire 15 minutes dans un four préchauffé à 160 °C. Laissez refroidir 5 minutes dans le moule.
- Démoulez les cheesecakes sur 6 assiettes. Fouettez légèrement la crème avec un fouet électrique jusqu'à ce que des pointes souples se forment. Déposez-en des cuillerées sur les cheesecakes chauds. Saupoudrez de cacao et servez.

10 MINUTES

Meringues et crème au café
Diluez 2 c. à c. d'espresso instantané dans 2 c. à s. d'eau frémissante, puis laissez refroidir. Avec un fouet électrique, fouettez 300 ml de crème fraîche et l'espresso jusqu'à ce que des pointes souples se forment. Collez 24 minimeringues 2 par 2 avec la crème au café. Saupoudrez de cacao en poudre et servez 2 meringues par personne.

20 MINUTES

Petites crèmes au mascarpone et au café Diluez 4 c. à c. d'espresso instantané dans 3 c. à s. d'eau frémissante. Émiettez 18 biscuits amaretti et répartissez-en la moitié dans 6 verres. Avec un fouet électrique, fouettez 300 g de mascarpone, 3 c. à s. de sucre glace et l'espresso jusqu'à obtention d'un mélange lisse. Incorporez 300 ml de crème fraîche, puis répartissez ce mélange dans les verres. Parsemez avec le reste des amarettis et servez.

Sabayons au chocolat

Pour 6 personnes
50 g de biscuits amaretti
2 c. à s. de marsala

Pour les sabayons
25 g de cacao en poudre tamisé
   + quelques pincées pour décorer
5 jaunes d'œufs
50 g de sucre en poudre
150 ml de marsala

- Répartissez les amarettis dans 6 grands verres. Versez 1 cuillerée à café de marsala dans chaque verre.

- Préparez les sabayons. Versez le cacao, les jaunes d'œufs et le sucre dans un récipient au bain-marie. Fouettez avec un fouet électrique jusqu'à obtention d'un mélange lisse, puis incorporez progressivement le reste du marsala. Continuez de fouetter pendant 8 à 10 minutes, jusqu'à ce que la préparation pâlisse, mousse et augmente de volume.

- Versez délicatement les sabayons dans les verres. Saupoudrez de cacao et servez aussitôt.

---

10 MINUTES

Petites crèmes au marsala
Avec un fouet électrique, fouettez 4 c. à s. de sucre, 1 œuf, 1 jaune d'œuf jusqu'à ce que le mélange forme des rubans souples. Incorporez 250 g de mascarpone et 2 c. à s. de marsala. Fouettez légèrement 250 ml de crème fleurette jusqu'à ce que des pointes souples se forment, puis ajoutez-la au mascarpone. Versez la préparation dans 6 petits verres. Décorez avec 25 g de chocolat noir râpé et servez avec des amarettis.

30 MINUTES

Tarte au chocolat et au marsala Faites fondre 200 g de chocolat noir au bain-marie, puis laissez refroidir légèrement. Avec un fouet électrique, fouettez 2 gros œufs, 50 g de sucre et 3 c. à s. de marsala jusqu'à obtention d'un mélange léger. En fouettant, ajoutez le chocolat fondu. Posez un fond de tarte précuit de 20 cm de diamètre sur une plaque de cuisson. Versez la garniture sur le fond et lissez la surface. Faites cuire 10 à 12 minutes dans un four à 160 °C, jusqu'à ce que la garniture soit juste prise. Si la préparation au centre est encore tremblotante, ne vous inquiétez pas : elle se raffermira en refroidissant. Laissez tiédir 10 minutes avant de servir, avec de la crème fouettée parfumée au marsala.

30 MINUTES

Biscuits au parmesan et au romarin, raisin poché

Pour 6 personnes
200 ml de muscat
100 ml de miel
500 g de grains de raisin noir sans pépins

Pour les biscuits
75 g de farine ordinaire + un peu pour le plan de travail
50 g de beurre doux coupé en petits dés
50 g de parmesan finement râpé
1 c. à c. de poivre noir moulu
½ c. à c. de sel
1 c. à s. de romarin ciselé

- Préparez les biscuits. Travaillez la farine et le beurre du bout des doigts jusqu'à obtenir un sable grossier. Ajoutez le parmesan, le poivre, le sel et le romarin, et malaxez soigneusement. Rassemblez la pâte en une boule.

- Posez le pâton sur un plan de travail fariné et pétrissez brièvement. Abaissez la pâte au rouleau sur une épaisseur de 2 mm et découpez des disques avec un emporte-pièce de 6 cm de diamètre. Posez les biscuits sur une grande plaque de cuisson antiadhésive et faites cuire 10 minutes dans le haut du four, à 160 °C. Retournez les biscuits et faites cuire encore 5 minutes, pour qu'ils soient dorés des 2 côtés. Laissez reposer 5 minutes sur la plaque, puis laissez refroidir complètement sur une grille.

- Versez le muscat et le miel dans une petite casserole. Portez à ébullition, réduisez le feu et laissez frémir 10 minutes, jusqu'à obtention d'un sirop. Plongez les grains de raisin dans le liquide et laissez mijoter 3 à 4 minutes. Laissez refroidir 2 minutes. Répartissez le raisin dans 6 verres et servez, avec les biscuits au romarin.

10 MINUTES

Salade de raisin au miel de fleur d'oranger Coupez en deux 500 g de grains de raisin noir sans pépins et placez-les dans un saladier. Dans un bol, mélangez 3 c. à s. de miel de fleur d'oranger et 3 c. à s. de jus d'orange. Arrosez le raisin avec ce mélange. Répartissez les grains et le jus dans 6 petites coupelles. Servez, avec du yaourt à la vanille.

20 MINUTES

Raisin poché et sirop de romarin Faites chauffer à feu doux 100 g de sucre, 150 ml d'eau et 2 brins de romarin. Portez à ébullition, en remuant, jusqu'à ce que le sucre soit dissous. Réduisez le feu et laissez frémir 5 minutes. Plongez 600 g de grains de raisin noir sans pépins dans le liquide et laissez mijoter 5 à 10 minutes à feu doux. Retirez le romarin et servez le raisin, avec le sirop et du yaourt grec.

Recettes santé

Recettes par temps de préparation

30 MINUTES

Recette	Page
Coupelles biscuitées et glace aux fruits rouges	236
Gâteau renversé aux mûres	238
Pêches pochées à la vanille	240
Brochettes à l'ananas et au basilic	242
Fraises en papillote au vinaigre balsamique et au poivre	244
Risotto à l'orange et aux pistaches	246
Compote de fruits secs aux épices	248
Petits gâteaux à la ricotta et au miel	250
Salade de mangues et sirop au citron vert et au piment	252
Soufflés au citron	254
Gâteau renversé mangue-cardamome	256
Petits-fours aux mûres et aux pommes	258
Muffins au lait fermenté et à la banane	260
Gâteau renversé aux clémentines	262
Trio de pamplemousses au sirop de gingembre	264
Nectarines pochées au sirop de sureau	266
Salade de pastèque au citron vert et à la menthe	268
Gâteau roulé meringué framboise-noisette	270
Brochettes d'ananas et sirop piment-menthe	272
Cornets chocolatés et sorbet aux framboises	274
Salade de fruits tropicaux et sirop au gingembre	276
Crumble aux groseilles et au sirop de sureau	278

20 MINUTES

Recette	Page
Glace aux fruits rouges et coulis de framboises	236
Mousse de mûres	238
Fruits rôtis à la cannelle	240
Carpaccio d'ananas au basilic	242
Sauce poivrée à la fraise	244
Meringues pistache-orange	246
Compote de fruits exotiques	248
Nectarines au four à la ricotta et au miel	250
Coulis de mangues, citron vert et piment	252
Mousse légère au citron	254
Crème à la mangue, à la cardamome et à la menthe	256
Clafoutis pomme-mûre	258
Pancakes au lait fermenté et à la banane	260
Yaourt aux clémentines	262
Salade de pamplemousses au sirop de gingembre chaud	264

10 MINUTES

Îles meringuées aux fruits rouges et au sirop de sureau	266
Brochettes pastèque-menthe	268
Fruits rouges cuits et meringues aux noisettes	270
Salsa ananas-menthe	272
Meringues et sorbet aux framboises	274
Fruits tropicaux et sirop aux fruits de la passion	276
Crèmes aux groseilles à maquereau et sirop de sureau	278
Glace au yaourt et aux fruits rouges	236
Coulis de mûres	238
Pêches et abricots grillés, yaourt au miel	240
Granité à l'ananas et au basilic	242
Fraises au poivre et au vinaigre balsamique	244
Oranges aux pistaches et à la fleur d'oranger	246
Compote de pruneaux au jus de pomme	248
Ricotta et miel chaud à la cannelle	250
Mangue grillée et sirop au citron vert et au piment	252
Yaourt crémeux au citron	254
Salade de mangues à la cardamome	256
Sauce aux mûres	258
Pancakes express à la banane	260
Clémentines caramélisées au gingembre	262
Pamplemousses grillés au gingembre et à la menthe	264
Fromage blanc au sirop de sureau	266
Pastèque et sucre à la menthe	268
Crèmes meringuées aux fruits rouges	270
Salade d'ananas à la menthe	272
Sorbet express aux framboises	274
Brochettes de fruits tropicaux	276
Compote de groseilles au sirop de sureau	278

Glace au yaourt et aux fruits rouges

Pour 4 personnes
400 g d'un mélange de fruits rouges surgelés
250 g de yaourt grec à 0 % de matières grasses
2 c. à s. de sucre glace
gaufrettes pour servir

- Dans un robot ou un blender, mixez la moitié des fruits rouges, le yaourt et le sucre glace jusqu'à obtention d'un mélange relativement lisse.
- Ajoutez le reste des fruits et mixez brièvement : il doit rester des morceaux. Déposez des boules de glace dans des coupes et servez aussitôt, avec des gaufrettes.

Glace aux fruits rouges et coulis de framboises Dans un robot ou un blender, réduisez en purée 150 g de framboises et 1 c. à s. de sucre glace, puis passez le mélange au tamis. Préparez la glace comme ci-dessus. Répartissez 2 petites meringues émiettées dans 4 verres. Déposez 1 boule de glace dans chaque verre, puis arrosez avec un filet de coulis. Répétez les couches (meringue, glace, coulis) et servez aussitôt.

Coupelles biscuitées et glace aux fruits rouges Montez 1 blanc d'œuf en neige ferme, dans un récipient bien propre. Incorporez progressivement 50 g de sucre jusqu'à obtention d'un mélange épais et satiné. Ajoutez 25 g de beurre fondu tiédi, le zeste de ½ citron et 25 g de farine. Déposez des petits tas d'une valeur de 2 c. à c. bombées de cette préparation sur 2 plaques de cuisson antiadhésives légèrement beurrées, en les espaçant largement. Étalez les petits tas de manière à avoir des disques de 12 cm de diamètre. Glissez une plaque à la fois dans le four, et faites cuire 5 à 6 minutes à 180 °C, jusqu'à ce que le pourtour soit doré. Posez délicatement chaque disque de pâte sur un verre étroit retourné et légèrement huilé, et laissez refroidir. Préparez la glace comme ci-dessus. Servez les coupelles biscuitées garnies de boules de glace.

Mousse de mûres

Pour 4 personnes
300 g de mûres
  + quelques-unes pour décorer
50 g de sucre glace
1 c. à s. de jus de citron
250 g de fromage blanc
200 g de yaourt grec
  à 0 % de matières grasses

- Dans un robot ou un blender, réduisez les mûres en purée avec le sucre glace et le jus de citron. Passez le mélange au tamis. Avec un fouet, incorporez le fromage blanc et le yaourt.

- Répartissez le mélange dans 4 verres et placez pour 10 minutes au frais. Avant de servir, décorez avec quelques mûres.

Coulis de mûres Faites chauffer 250 g de mûres, 50 g de sucre roux et 100 ml d'eau. Quand le mélange bout, réduisez le feu et laissez mijoter 5 minutes, jusqu'à ce que les mûres soient fondantes. Ajoutez ½ c. à c. d'extrait de vanille. Versez le tout dans un robot ou un blender, réduisez le mélange en purée, puis passez-le au tamis en l'écrasant avec une louche ou le dos d'une cuillère. Servez froid ou chaud, avec du yaourt grec à 0 % de matières grasses.

Gâteau renversé aux mûres
Beurrez légèrement et tapissez de papier sulfurisé le fond d'un moule à gâteau de 20 cm de diamètre, à fond amovible. Répartissez 350 g de mûres dans le moule et saupoudrez avec 2 c. à s. de sucre. Avec un fouet électrique, fouettez 2 œufs, 75 g de sucre et le zeste râpé de 1 citron, jusqu'à obtention d'un mélange épais. Incorporez délicatement le jus de 1 citron et 75 g de farine à levure incorporée. Versez cette pâte sur les mûres et faites cuire 20 à 25 minutes dans un four à 180 °C, jusqu'à ce que le gâteau soit bien doré et ferme au toucher. Laissez le gâteau refroidir quelques minutes dans le moule avant de le retourner sur une assiette. Proposez du fromage blanc à 0 % de matières grasses en accompagnement.

Pêches et abricots grillés, yaourt au miel

Pour 4 personnes

2 c. à s. de sucre vanillé
3 pêches coupées en quatre et dénoyautées
4 abricots coupés en deux et dénoyautés
200 g de yaourt grec à 0 % de matières grasses
2 c. à s. de miel liquide

- Mélangez délicatement les fruits et le sucre.
- Faites chauffer une poêle-gril. Quand elle est bien chaude, déposez-y les pêches, côté coupé vers le bas, et faites caraméliser 2 à 3 minutes à feu moyen. Ajoutez les abricots, retourner les quartiers de pêche, et poursuivez la cuisson 2 à 3 minutes, jusqu'à ce que les fruits soient fondants.
- Pendant ce temps, versez le yaourt dans un bol et arrosez-le avec le miel. Remuez légèrement pour créer des ridules. Servez les fruits grillés chauds avec le yaourt au miel.

Fruits rôtis à la cannelle

Coupez 3 pêches en quatre et 3 abricots en deux. Placez les fruits dans un plat à gratin, côté coupé vers le haut. Mélangez 3 c. à s. de sucre roux et 1 c. à c. de cannelle moulue. Saupoudrez ce mélange sur les fruits. Faites cuire 10 à 15 minutes dans un four à 200 °C, jusqu'à ce que les fruits soient fondants et commencent à caraméliser. Servez, avec du yaourt à 0 % de matières grasses.

Pêches pochées à la vanille

Plongez 4 pêches mûres dans un bol d'eau bouillante pendant 1 minute, puis trempez-les dans l'eau froide et enlevez la peau. Choisissez une casserole d'un volume adapté aux fruits. Déposez les pêches et versez 200 ml d'eau. Fendez 1 gousse de vanille en deux et grattez les graines. Mélangez les graines et 100 g de sucre. Saupoudrez les pêches avec ce mélange et ajoutez la gousse dans la casserole. Couvrez et faites cuire 20 à 25 minutes, en tournant les fruits 1 fois en cours de cuisson et en remuant pour dissoudre le sucre. Servez chaud, avec un filet de sirop.

Carpaccio d'ananas au basilic

Pour 4 personnes
1 ananas très sucré froid
2 c. à s. de miel
le jus de ½ citron vert
2 c. à c. de poivre noir fraîchement moulu
6 grandes feuilles de basilic ciselées

- Coupez les 2 extrémités de l'ananas. Tenez-le fermement à la verticale, et pelez-le en travaillant de haut en bas et en enlevant les « yeux ». Coupez le fruit en deux dans la longueur, retirez la partie centrale dure, puis taillez en tranches fines. Disposez les tranches sur un plat de service.

- Mélangez le miel, le jus de citron vert et le poivre dans un petit bol. Répartissez ce mélange sur l'ananas. Parsemez de basilic ciselé et servez aussitôt.

Granité à l'ananas et au basilic
Mettez 450 g de morceaux d'ananas surgelé, 2 c. à s. de sucre et 2 c. à s. de jus de citron vert dans un robot. Mixez brièvement, puis ajoutez 2 c. à s. de basilic fraîchement ciselé. Mixez pendant 2 à 3 minutes. Répartissez le granité dans 4 bols et servez aussitôt.

Brochettes à l'ananas et au basilic Pelez l'ananas comme ci-dessus, puis retirez la partie centrale dure. Taillez la chair en dés de 2,5 cm. Mettez les dés d'ananas dans un saladier, avec 3 c. à s. de miel, 1 c. à s. de basilic fraîchement ciselé, le zeste râpé et le jus de 1 citron vert. Laissez mariner 15 minutes, puis piquez les fruits sur 8 brochettes en métal. Faites griller 3 à 4 minutes de chaque côté, sous le gril du four.

Fraises au poivre et au vinaigre balsamique

Pour 4 personnes

500 g de fraises équeutées et coupées en deux
2 c. à s. de vinaigre balsamique
1 c. à c. de poivre noir fraîchement moulu

- Mettez les fraises dans un saladier et arrosez avec le vinaigre.
- Remuez soigneusement pour que les parfums se mélangent, puis ajoutez du poivre noir selon votre goût. Servez aussitôt.

Sauce poivrée à la fraise

Dans un robot ou un blender, mixez 500 g de fraises équeutées et 2 c. à s. de sucre glace, jusqu'à obtention d'un mélange lisse. Versez le coulis dans un broc et ajoutez 1 à 2 c. à c. de poivre noir fraîchement moulu. Placez pour 10 minutes au frais avant de servir. Délicieux avec du yaourt glacé.

Fraises en papillote au vinaigre balsamique et au poivre

Dans un saladier, mélangez 700 g de fraises équeutées, 100 ml de vinaigre balsamique, 25 g de sucre en poudre et 1 c. à c. de poivre noir. Répartissez le mélange sur 4 carrés de papier d'aluminium en double épaisseur, de 25 cm de côté. Fermez les papillotes. Posez-les sur une plaque de cuisson et faites cuire 25 minutes dans un four à 160 °C.

Oranges aux pistaches et à la fleur d'oranger

Pour 4 personnes

4 grosses oranges
2 à 3 c. à c. d'eau de fleur d'oranger
1 c. à s. de sucre glace
2 c. à s. de pistaches grossièrement hachées

- Pelez les oranges à vif avec un couteau bien affûté. Taillez chaque orange en 6 tranches, en réservant le jus.
- Dans un saladier, mélangez le jus et les tranches d'oranges, l'eau de fleur d'oranger et le sucre glace.
- Répartissez les fruits dans 4 bols, arrosez avec le jus et parsemez de pistaches.

Meringues pistache-orange

Mélangez 100 g de fromage blanc, 1 c. à c. de zeste d'orange râpé, 1 c. à s. de sucre glace et ½ à 1 c. à c. d'eau de fleur d'oranger (selon votre goût). Répartissez ce mélange dans 4 petits nids meringués. Pelez 1 orange à vif, puis prélevez les quartiers en passant le couteau le long des fines membranes de peau. Posez quelques quartiers sur chaque nid et parsemez de 25 g de pistaches hachées. Servez aussitôt.

Risotto à l'orange et aux pistaches Dans une casserole, versez 600 ml de lait demi-écrémé, 50 g de sucre et le zeste râpé de 1 orange. Faites chauffer à feu doux, jusqu'à ce que le mélange frémisse. Faites fondre 25 g de beurre dans une autre casserole, puis ajoutez 175 g de riz arborio. Remuez soigneusement pour enrober les grains, puis ajoutez le jus de 1 orange. Portez à ébullition, réduisez le feu et laissez mijoter 2 à 3 minutes. Ajoutez progressivement le lait chaud dans le riz, en remuant de temps en temps, jusqu'à ce que presque tout le liquide ait été absorbé. Il faut que le riz soit légèrement al dente et que la sauce soit crémeuse. Comptez environ 20 à 25 minutes de cuisson. Versez le riz dans 4 bols et parsemez de 25 g de pistaches hachées.

30 MINUTES

Compote de fruits secs aux épices

Pour 4 personnes
4 tranches de poire
   ou de pomme séchées
4 figues sèches
8 abricots secs
8 pruneaux (environ 75 g)
600 ml de jus d'orange frais
1 bâton de cannelle
1 étoile d'anis
cassonade selon votre goût

Pour servir (facultatif)
yaourt grec à 0 %
   de matières grasses
cannelle moulue

- Mettez les fruits secs dans une casserole avec le jus d'orange et les épices. Portez à ébullition, puis réduisez le feu, couvrez et laissez frémir 25 à 30 minutes, jusqu'à ce que les fruits soient moelleux et le liquide sirupeux.

- Surveillez le sirop pendant la cuisson et ajoutez un peu d'eau si nécessaire. Goûtez et ajoutez du sucre si vous trouvez qu'il en manque. Retirez la cannelle et l'anis étoilé.

- Répartissez la préparation dans 4 bols et servez, avec du yaourt à 0 % de matières grasses saupoudré de cannelle.

Compote de pruneaux au jus de pomme Faites chauffer 250 g de pruneaux et 300 ml de jus de pomme dans une casserole. Quand le mélange bout, réduisez le feu et laissez frémir 8 à 10 minutes, jusqu'à ce que les pruneaux soient moelleux et le liquide sirupeux. Servez, avec du yaourt grec à 0 % de matières grasses.

Compote de fruits exotiques
Dans une casserole, faites chauffer 50 g de sucre, 1 morceau d'écorce de citron et 600 ml d'eau froide. Portez à ébullition, en remuant, jusqu'à ce que le sucre soit dissous. Laissez bouillir le sirop 10 minutes. Ajoutez 250 g de fruits tropicaux séchés (mangue, ananas, papaye...) et laissez mijoter 5 à 6 minutes à feu doux. Servez, avec un peu de basilic ciselé.

Ricotta et miel chaud à la cannelle

10 MINUTES

Pour 4 personnes
500 g de ricotta
8 c. à s. de miel
½ c. à c. de cannelle moulue
1 poignée de framboises pour décorer

- Tapissez de film alimentaire 4 moules à darioles (contenance 125 ml). Pressez la ricotta dans les moules, puis placez pour 5 minutes au congélateur.
- Pendant ce temps, faites chauffer le miel et la cannelle à feu doux, dans une petite casserole.
- Sortez les moules du congélateur et retournez la ricotta sur 4 assiettes. Retirez le film alimentaire et arrosez avec le sirop chaud. Décorez avec quelques framboises et servez.

20 MINUTES

Nectarines au four à la ricotta et au miel Coupez en deux et dénoyautez 4 nectarines. Posez-les dans un plat à four, côté coupé vers le haut. Fouettez 125 g de ricotta, 2 c. à s. de miel et ½ c. à c. de cannelle moulue. Répartissez ce mélange sur les fruits et faites cuire 10 à 15 minutes dans un four à 200 °C. Arrosez avec un filet de miel avant de servir.

30 MINUTES

Petits gâteaux à la ricotta et au miel Émiettez 250 g de ricotta avec une cuillère en bois. Montez 2 blancs d'œufs en neige ferme, dans un récipient bien propre, puis incorporez-les à la ricotta avec 4 c. à s. de miel. Répartissez ce mélange dans 4 ramequins beurrés (contenance 125 ml) et lissez la surface. Posez les ramequins sur une plaque de cuisson et faites cuire 20 minutes dans un four à 180 °C, jusqu'à ce que les petits gâteaux soient gonflés et dorés. Démoulez les gâteaux en les retournant sur 4 assiettes, arrosez-les avec 4 c. à s. de miel chaud parfumé avec 1 pincée de cannelle, et servez.

# Mangue grillée et sirop au citron vert et au piment

Pour 4 personnes
4 mangues mûres

Pour le sirop
1 piment rouge épépiné et émincé
le zeste râpé et le jus
   de 1 citron vert
125 g de sucre roux
150 ml d'eau froide

- Préparez le sirop en faisant chauffer tous les ingrédients à feu doux. Remuez, jusqu'à ce que le sucre soit dissous, puis portez à ébullition. Réduisez le feu et laissez frémir 7 à 8 minutes, jusqu'à ce que le mélange devienne sirupeux.

- Pendant ce temps, faites chauffer une poêle-gril. Avec un couteau affûté, pelez les mangues, puis coupez-les en tranches épaisses, de part et d'autre du noyau. Faites griller les tranches dans la poêle, 4 à 5 minutes de chaque côté.

- Posez les tranches de mangues sur 4 assiettes, arrosez avec le sirop chaud et servez.

Coulis de mangues, citron vert et piment Pelez, dénoyautez et coupez 2 mangues en morceaux. Mixez-les dans un robot avec 1 piment rouge épépiné et haché, le zeste râpé et le jus de 2 citrons verts, pendant 4 à 5 minutes. Délicieux avec du yaourt glacé.

Salade de mangues et sirop au citron vert et au piment
Préparez le sirop comme ci-dessus, versez-le dans un pichet et placez pour 10 à 12 minutes au frais. Pelez 2 mangues mûres, puis coupez-les en tranches épaisses. Mettez les tranches dans un saladier et arrosez avec le sirop refroidi.

20 MINUTES

Mousse légère au citron

Pour 4 personnes

150 g de yaourt grec à 0 %
de matières grasses
150 ml de crème fraîche allégée
le zeste et le jus de 1 citron
non traité
50 g de sucre en poudre
2 blancs d'œufs
zeste de citron pour décorer

- Avec un fouet électrique, fouettez ensemble le yaourt, la crème fraîche, le zeste de citron et le sucre jusqu'à obtention d'un mélange lisse. Ajoutez le jus de citron et continuez de fouetter jusqu'à ce que la préparation épaississe légèrement.
- Montez les blancs d'œufs en neige souple dans un récipient parfaitement propre. Incorporez-les progressivement à la préparation au citron.
- Répartissez la mousse dans 4 verres et placez pour 10 minutes au frais. Décorez avec quelques lamelles de zeste de citron, puis servez.

10 MINUTES

Yaourt crémeux au citron
Fouettez ensemble 500 g de yaourt grec à 0 % de matières grasses et 4 à 6 c. à s. de lemon curd (selon votre goût). Répartissez le yaourt dans 4 verres, parsemez de 125 g de muesli croustillant, puis servez.

30 MINUTES

Soufflés au citron Beurrez 4 ramequins ou moules à soufflés (contenance 250 ml). Saupoudrez le fond et les parois avec 2 c. à s. de sucre. Posez les ramequins sur une plaque. Mettez le zeste finement râpé de 1 citron, le jus de 2 citrons (100 ml) et 50 g de sucre dans une casserole. Faites chauffer à feu doux jusqu'à ce que le sucre soit dissous. Portez à ébullition. Versez dans la casserole 1 c. à s. de fécule de maïs diluée dans 2 c. à s. d'eau froide et faites cuire 1 minute, en remuant constamment, jusqu'à épaississement. Reversez le tout dans un bol et placez pour 10 minutes au frais. Montez 4 blancs d'œufs en neige ferme, dans un récipient propre. Incorporez-y progressivement 50 g de sucre jusqu'à ce que le mélange soit épais et satiné. Incorporez délicatement la crème au citron à la meringue. Versez la pâte dans les moules, lissez la surface et nettoyez le pourtour du ramequin du bout du doigt. Faites cuire 10 à 12 minutes dans un four à 180 °C, jusqu'à ce que les soufflés soient gonflés et dorés. Servez aussitôt.

Crème à la mangue, à la cardamome et à la menthe

20 MINUTES

Pour 4 personnes

600 g de yaourt grec à 0 % de matières grasses, bien froid
les graines finement broyées de 5 gousses de cardamome verte
2 c. à s. de sucre glace
le zeste râpé et le jus de 1 citron vert
200 ml de coulis de mangues tout prêt
2 c. à s. de menthe ciselée

Pour décorer

dés de mangue
brins de menthe

- Programmez un fouet électrique sur vitesse lente et fouettez le yaourt, la cardamome, le sucre glace, le zeste et le jus de citron vert dans un saladier, pendant 1 à 2 minutes.

- Avec le fouet, incorporez le coulis jusqu'à obtention d'un mélange homogène. Ajoutez la menthe. Versez la crème dans 6 verres et placez pour 10 minutes au frais.

- Décorez avec des dés de mangue et un brin de menthe.

---

10 MINUTES

Salade de mangues à la cardamome Pelez, dénoyautez et coupez 4 mangues en tranches. Disposez les tranches sur une assiette. Saupoudrez avec les graines broyées de 4 gousses de cardamome. Parsemez avec le zeste finement râpé et arrosez avec le jus de 1 citron vert. Finissez avec 2 c. à s. de menthe ciselée et servez aussitôt.

30 MINUTES

Gâteau renversé mangue-cardamome Beurrez légèrement et garnissez de papier sulfurisé le fond d'un moule antiadhésif à fond amovible de 20 cm de diamètre. Disposez-y 2 mangues coupées en tranches. Saupoudrez avec 1 c. à s. de sucre roux. Fouettez 2 œufs et 75 g de sucre avec un fouet électrique jusqu'à ce que le mélange soit blanc et épais. Incorporez délicatement les graines broyées de 4 gousses de cardamome, le zeste râpé de 1 citron vert et 1 c. à s. de jus. Ajoutez 75 g de farine à levure incorporée. Versez cette pâte sur les fruits et faites cuire 20 à 25 minutes dans un four à 180 °C, jusqu'à ce que le gâteau soit bien doré. Laissez refroidir quelques minutes dans le moule avant de le retourner sur une assiette.

Petits-fours aux mûres et aux pommes

30 MINUTES

Pour 6 personnes

2 c. à s. d'huile végétale
75 g de farine ordinaire
½ c. à c. de cannelle moulue
1 pincée de sel
50 g de sucre en poudre
   + 1 c. à s.
200 ml de lait
2 gros œufs
125 g de mûres
1 petite pomme de table coupée
   en tranches fines
sucre glace pour décorer

- Huilez généreusement les 12 alvéoles d'un moule à petits-fours. Faites chauffer le moule dans un four à 180 °C.
- Pendant ce temps, tamisez la farine, la cannelle et le sel dans un saladier. Ajoutez 50 g de sucre et faites un puits au centre. Fouettez ensemble le lait et les œufs, puis incorporez progressivement ce mélange à la farine, jusqu'à obtention d'une pâte lisse.
- Sortez le moule du four. Versez la pâte dans les alvéoles. Ajoutez les mûres, les tranches de pomme et saupoudrez avec 1 cuillerée à soupe de sucre.
- Remettez le moule dans le four et faites cuire 20 minutes, jusqu'à ce que les petits gâteaux soient bien gonflés, dorés et cuits jusqu'au centre. Saupoudrez de sucre glace et servez.

10 MINUTES

Sauce aux mûres Faites chauffer à feu doux 300 g de mûres, 2 c. à s. de sucre, le zeste râpé et le jus de 1 citron, pendant 5 à 6 minutes, jusqu'à ce que les fruits commencent à se défaire. Servez chaud, avec du yaourt à la vanille.

20 MINUTES

Clafoutis pomme-mûre Faites fondre 25 g de beurre dans une poêle de 20 cm de diamètre, munie d'un manche résistant au four. Ajoutez 4 pommes coupées en tranches et faites cuire 2 à 3 minutes. Ajoutez 1 c. à s. de sucre et 1 c. à s. de jus de citron. Remuez jusqu'à ce que le sucre soit dissous. Dans un saladier, mélangez 100 g de farine et 1 c. à s. de sucre. Faites un puits au centre. À part, fouettez 4 œufs et 175 ml de lait. Incorporez progressivement ce mélange à la farine, jusqu'à obtention d'une pâte lisse. Versez cette préparation sur les pommes, puis parsemez de 125 g de mûres. Faites cuire 15 à 20 minutes dans un four à 220 °C, jusqu'à ce que le gâteau soit gonflé et doré. Servez aussitôt.

Pancakes au lait fermenté et à la banane

20 MINUTES

Pour 4 personnes
125 g de farine ordinaire
1 c. à c. de poudre à lever
1 pincée de sel
200 ml de lait fermenté
1 œuf
2 petites bananes coupées en rondelles minces
1 c. à s. d'huile végétale pour la cuisson

Pour servir
1 banane coupée en rondelles
25 g de noix de pécan hachées
1 c. à s. de miel

- Tamisez la farine, la poudre à lever et le sel dans un saladier. Faites un puits au centre. À part, fouettez le lait fermenté et l'œuf. Incorporez progressivement ce mélange à la farine jusqu'à obtention d'une pâte lisse. Ajoutez 2 bananes coupées en rondelles.

- Faites chauffer une grande poêle à feu moyen. Chiffonnez un carré de papier absorbant et trempez-le dans l'huile. Utilisez-le ensuite pour huiler la poêle. Déposez 3 grosses cuillerées à soupe de pâte dans la poêle. Étalez légèrement chaque petit tas de pâte de manière à avoir 3 pancakes. Faites cuire 2 à 3 minutes, jusqu'à ce que des bulles apparaissent en surface et que le dessous soit doré. Retournez les pancakes et faites cuire encore 2 minutes. Sortez les pancakes de la poêle et gardez-les au chaud. Répétez l'opération pour obtenir 8 pancakes au total.

- Servez les pancakes avec les rondelles de banane, les noix de pécan hachées et un filet de miel.

---

10 MINUTES

Pancakes express à la banane Réchauffez 8 pancakes prêts à l'emploi, en suivant les indications du paquet. Coupez 4 bananes en rondelles et répartissez-les sur les pancakes. Servez 2 pancakes par personne, avec un filet de miel et du yaourt grec à 0 % de matières grasses.

30 MINUTES

Muffins au lait fermenté et à la banane Tamisez 275 g de farine et 1 c. à s. de poudre à lever dans un saladier. Ajoutez 125 g de sucre. À part, fouettez 2 bananes écrasées, 1 gros œuf, 250 ml de lait fermenté et 100 g de beurre fondu. Mélangez brièvement les ingrédients humides et les ingrédients secs, puis versez la préparation dans les alvéoles beurrés d'un moule à muffins antiadhésif de 12 alvéoles. Faites cuire 20 minutes dans un four à 190 °C, jusqu'à ce que les muffins soient gonflés. Démoulez et servez les muffins chauds, avec un filet de miel et du yaourt à 0 % de matières grasses.

Gâteau renversé aux clémentines

Pour 4 à 6 personnes

beurre pour le moule
4 clémentines pelées et coupées en 5 tranches
4 c. à s. de confiture d'oranges au gingembre
2 œufs
75 g de sucre en poudre
le zeste râpé et le jus de 1 clémentine
75 g de farine à levure incorporée
fromage blanc pour servir

- Beurrez légèrement et tapissez de papier sulfurisé le fond d'un moule à gâteau antiadhésif de 20 cm de diamètre, à fond amovible. Disposez les tranches de clémentines dans le fond et nappez de confiture.

- Dans un bol, fouettez les œufs et le sucre avec un fouet électrique jusqu'à obtention d'un mélange blanc et épais. Incorporez délicatement le zeste et le jus de clémentine, puis la farine.

- Versez cette pâte dans le moule et faites cuire 20 à 25 minutes dans un four à 180 °C, jusqu'à ce que le gâteau soit doré et ferme au toucher. Laissez refroidir quelques minutes dans le moule.

- Retournez le gâteau sur une assiette et servez, avec du fromage blanc.

Clémentines caramélisées au gingembre Pelez 8 clémentines et coupez-les en quartiers. Versez 100 g de sucre et 1 c. à c. de gingembre moulu dans une poêle. Faites chauffer à feu vif, ajoutez les clémentines et faites caraméliser 5 minutes. Ajoutez 2 c. à s. de jus d'orange. Laissez refroidir légèrement et servez, avec du yaourt grec à 0 % de matières grasses.

Yaourt aux clémentines
Mettez le zeste râpé et le jus de 1 clémentine dans un récipient. Avec un fouet, ajoutez 300 g de yaourt grec à 0 % de matières grasses et 1 c. à s. de sucre glace. Pelez 3 clémentines et coupez-les en gros morceaux. Mettez-en la moitié dans le yaourt avec 2 petites meringues émiettées. Répartissez dans 4 verres et décorez avec le reste des clémentines.

Trio de pamplemousses au sirop de gingembre

Pour 4 personnes
2 pamplemousses roses
2 pamplemousses sanguins
2 pamplemousses blancs
2 c. à s. de menthe ciselée

Pour le sirop de gingembre
125 g de sucre en poudre
2 morceaux de gingembre confit au sirop, finement hachés
2 c. à s. de sirop de gingembre (prélevées dans le bocal)

- Pelez les pamplemousses à vif, avec un couteau bien affûté, en travaillant au-dessus d'un bol pour récolter le jus. Prélevez les quartiers en faisant glisser la lame le long des fines membranes de peau. Mettez les pamplemousses dans un saladier et placez au frais.

- Préparez le sirop de gingembre. Versez 200 ml de jus de pamplemousse dans une casserole avec le sucre, le gingembre confit et le sirop de gingembre. Portez à ébullition, puis réduisez le feu et laissez frémir 8 à 10 minutes. Reversez le tout dans un bol et placez pour 10 minutes au frais.

- Versez le sirop refroidi sur les pamplemousses et ajoutez la menthe. Servez aussitôt.

Pamplemousses grillés au gingembre et à la menthe
Coupez 2 pamplemousses roses ou sanguins en deux et posez-les sur une plaque de cuisson, côté coupé vers le haut. Hachez 2 morceaux de gingembre confit au sirop et parsemez-en les fruits. Arrosez avec 1 c. à s. de sirop de gingembre. Faites dorer 5 minutes sous le gril du four. Servez aussitôt, avec de la menthe ciselée et du yaourt grec à 0 % de matières grasses.

Salade de pamplemousses au sirop de gingembre chaud
Égouttez 4 boîtes de 250 g de quartiers de pamplemousse au sirop léger et mettez-les dans un saladier. Préparez le sirop comme ci-dessus, en utilisant 200 ml de jus des boîtes. Laissez refroidir légèrement, puis versez le sirop sur les fruits et servez aussitôt.

20 MINUTES

Îles meringuées aux fruits rouges et au sirop de sureau

Pour 6 personnes
600 g d'un mélange de fruits rouges surgelés
150 g de sucre en poudre
4 c. à s. de sirop de sureau

Pour les îles meringuées
2 gros blancs d'œufs
1 pincée de sel
50 g de sucre en poudre

- Faites chauffer les fruits rouges, le sucre et le sirop à feu doux, en remuant, jusqu'à ce que le sucre soit dissous. Laissez mijoter 4 à 5 minutes, jusqu'à ce que les fruits soient moelleux, mais sans être en compote.

- Préparez les îles meringuées. Faites chauffer une grande casserole d'eau. Montez les blancs d'œufs en neige souple, avec le sel, dans un récipient parfaitement propre. Incorporez progressivement le sucre jusqu'à obtention d'un mélange épais et satiné.

- Laissez tomber 6 cuillerées à soupe bombées de meringue dans l'eau frémissante. Faites glisser la meringue en la poussant avec une cuillère. Après 30 secondes de cuisson, tournez les meringues avec une écumoire et poursuivez la cuisson 30 secondes. Sortez les meringues de l'eau et posez-les sur du papier absorbant.

- Répartissez les fruits rouges chauds et leur jus dans 6 bols, surmontés d'une île meringuée.

10 MINUTES

Fromage blanc au sirop de sureau Mélangez 300 g de fromage blanc maigre avec 2 c. à s. de sirop de sureau et 1 c. à s. de sucre glace. Délicieux avec une salade de fruits frais.

30 MINUTES

Nectarines pochées au sirop de sureau Plongez 6 nectarines ou 6 pêches entières dans un récipient d'eau bouillante pour 1 minute. Plongez-les dans l'eau froide et retirez la peau. Versez 450 ml de sirop de sureau dilué et 75 g de sucre dans une casserole suffisamment grande pour contenir les fruits. Portez à ébullition, en remuant, jusqu'à ce que le sucre soit dissous. Plongez les fruits dans le liquide, couvrez et laissez mijoter 10 minutes à feu doux. Tournez les fruits et faites-les pocher encore 10 minutes. Répartissez-les dans 6 bols. Arrosez avec le sirop et servez.

Pastèque et sucre à la menthe

Pour 4 personnes
1 kg de pastèque
4 c. à s. de sucre roux
20 g de feuilles de menthe

- Pelez la pastèque et coupez la chair en dés, en éliminant les graines. Répartissez les morceaux de pastèque dans 4 assiettes.
- Versez le sucre et la menthe dans un robot. Mixez jusqu'à obtention d'un mélange vert vif.
- Servez les dés de pastèque parsemés de sucre à la menthe.

Brochettes pastèque-menthe
Retirez la peau et les graines de 1 kg de pastèque. Coupez la chair en dés de 2,5 cm et enfilez-les sur 8 brochettes en métal. Préparez le sucre comme ci-dessus et parsemez-en les brochettes. Faites griller 3 à 4 minutes de chaque côté. Servez 2 brochettes par personne.

Salade de pastèque au citron vert et à la menthe Retirez la peau et les graines de 1 kg de pastèque. Taillez la chair en dés, dans un saladier. Ajoutez le jus de 2 citrons verts et 2 c. à c. de zeste de citron vert râpé. Laissez reposer 20 minutes. Préparez le sucre comme ci-dessus et servez-le avec la salade de pastèque.

Fruits rouges cuits et meringues aux noisettes

Pour 4 personnes
2 gros blancs d'œufs
100 g de sucre en poudre
25 g de noisettes grillées moulues
350 g de fraises équeutées et coupées en deux
350 g de framboises

- Montez les blancs d'œufs en neige souple, dans un récipient parfaitement propre. Sans cesser de fouetter, incorporez progressivement le sucre jusqu'à obtention d'un mélange épais et satiné. Ajoutez délicatement les noisettes en poudre.
- Mélangez les fraises et les framboises, puis répartissez-les dans 4 ramequins ou moules (contenance 250 ml). Déposez la meringue sur les fruits.
- Posez les ramequins sur une plaque de cuisson et faites cuire 7 minutes à 200 °C, jusqu'à ce que les meringues soient dorées. Servez aussitôt.

10 MINUTES

Crèmes meringuées aux fruits rouges Répartissez 2 petites meringues émiettées dans 4 verres. Mélangez 125 g de framboises, 1 c. à s. de sucre et 125 g de fraises équeutées et taillées en lamelles. Écrasez légèrement les fruits avec une fourchette, puis répartissez-les dans les verres. Dans un bol, mélangez 200 ml de crème fraîche allégée, 200 ml de yaourt grec à 0 % de matières grasses et 1 c. à s. de sucre. Ajoutez 2 petites meringues émiettées. Versez cette préparation sur les fruits et servez aussitôt.

30 MINUTES

Gâteau roulé meringué framboise-noisette
Montez 5 blancs d'œufs en neige ferme. Incorporez progressivement 225 g de sucre jusqu'à ce que le mélange soit épais et satiné. Ajoutez ½ c. à c. de vinaigre blanc, 50 g de noisettes grillées hachées et 1 c. à c. de fécule de maïs. Étalez ce mélange dans un moule à roulé de 20 x 30 cm, tapissé de papier sulfurisé. Glissez le moule au milieu du four et faites cuire 15 minutes à 180 °C. Laissez refroidir 5 minutes dans le moule. Retournez le gâteau sur du papier sulfurisé. Dans un bol, mélangez 200 g de yaourt grec à 0 % de matières grasses, 200 ml de crème fraîche allégée et 2 c. à s. de sucre. Étalez cette crème sur le gâteau et parsemez de 150 g de framboises. Enroulez le gâteau et servez aussitôt.

 **MINUTES**

Salade d'ananas à la menthe

Pour 4 personnes

1 ananas mûr

3 c. à s. de menthe ciselée

le zeste râpé et le jus de 1 citron vert

1 piment rouge épépiné et finement haché (facultatif)

- Coupez les 2 extrémités de l'ananas. Tenez-le fermement, à la verticale, pelez-le en travaillant de haut en bas et enlevez les « yeux ». Coupez le fruit en quatre dans la longueur, retirez la partie centrale dure, puis taillez en dés.

- Mettez les morceaux d'ananas dans un saladier. Ajoutez la menthe, le zeste et le jus de citron, et le piment. Remuez soigneusement et servez aussitôt.

20 MINUTES

Salsa ananas-menthe Pelez 1 ananas comme ci-dessus, puis taillez-le en tranches de 1 cm d'épaisseur. Retirez la partie centrale dure avec un vide-pomme. Faites chauffer une poêle-gril à feu moyen. Recouvrez le fond de tranches d'ananas, sans les superposer, et faites cuire 3 à 4 minutes de chaque côté. Faites cuire les tranches restantes de la même façon. Taillez en petits dés et arrosez avec le jus de 2 citrons verts. Ajoutez 2 c. à s. de menthe ciselée et remuez. Servez aussitôt.

30 MINUTES

Brochettes d'ananas et sirop piment-menthe Préparez l'ananas comme ci-dessus, puis taillez la chair en dés. Enfilez les morceaux sur 8 brochettes en métal et posez-les dans un plat peu profond. Préparez le sirop en faisant chauffer à feu doux 1 piment rouge moyen épépiné et émincé, le zeste râpé et le jus de 1 citron vert, 125 g de sucre roux et 150 ml d'eau froide. Remuez jusqu'à ce que le sucre soit dissous. Portez à ébullition, puis réduisez le feu et laissez mijoter 10 minutes, jusqu'à obtention d'un sirop. Laissez refroidir légèrement, puis ajoutez 3 c. à s. de menthe ciselée. Versez ce sirop sur l'ananas et laissez reposer 5 minutes. Préchauffez une poêle-gril et faites-y griller les brochettes 8 minutes, en les tournant de temps en temps. Servez 2 brochettes par personne, avec le reste du sirop.

 **MINUTES**

Sorbet express aux framboises

Pour 4 personnes

300 g de framboises surgelées
2 c. à s. de sucre en poudre
2 c. à s. d'eau
1 c. à s. de liqueur de framboise (facultatif)
framboises fraîches pour servir

- Mettez les framboises, le sucre, l'eau et la liqueur dans un robot. Mixez le mélange pendant 2 à 3 minutes, jusqu'à ce que les ingrédients commencent à s'agglomérer.
- Servez des boules de sorbet sans attendre, avec des framboises fraîches, ou placez au congélateur jusqu'au moment de servir.

**MINUTES**

Meringues et sorbet aux framboises Préparez le sorbet comme ci-dessus. Prenez 2 coques meringuées et collez-les ensemble avec 1 c. à s. de sorbet. Placez au congélateur. Répétez l'opération avec 6 autres meringues. Sortez-les du congélateur, arrosez avec un filet de coulis de fruits tout prêt et servez aussitôt.

30 MINUTES

Cornets chocolatés et sorbet aux framboises Faites fondre 50 g de chocolat noir au bain-marie. Retirez du feu et plongez l'extrémité de 4 cônes en gaufrette dans le chocolat fondu. Tournez le bout du cône sans attendre dans 50 g de pistaches hachées. Faites tenir les cônes dans un verre et placez au réfrigérateur. Préparez le sorbet comme ci-dessus. Déposez des boules de sorbet dans les cônes, puis servez.

30 MINUTES

Salade de fruits tropicaux et sirop au gingembre

Pour 6 personnes

2 grosses mangues pelées, dénoyautées et coupées en dés de 2,5 cm

2 grosses papayes pelées, épépinées et coupées en cubes

1 petit ananas épluché, coupé en morceaux de 2,5 cm

2 kiwis pelés et coupés en cubes

400 g de litchis en conserve, égouttés

250 g de raisin blanc

Pour le sirop

125 g de sucre en poudre

300 ml d'eau

le zeste râpé et le jus de 1 citron vert

2,5 cm de gingembre frais, pelé et haché

1 sachet de thé vert

- Préparez le sirop. Faites chauffer le sucre, l'eau, le zeste et le jus de citron vert, et le gingembre à feu doux. Remuez de temps en temps, jusqu'à ce que le sucre soit dissous. Portez à ébullition et laissez mijoter 5 minutes.

- Hors du feu, ajoutez le sachet de thé et laissez infuser 10 minutes. Retirez le sachet de thé et versez le sirop dans un broc. Placez pour 10 minutes au frais pour que les parfums se développent et que le sirop refroidisse.

- Mettez tous les fruits préparés dans un saladier. Arrosez avec le sirop refroidi. Servez aussitôt ou placez au frais jusqu'au moment de servir.

Brochettes de fruits tropicaux

Préparez 2 mangues, 1 papaye et 1 ananas comme ci-dessus. Égouttez 400 g de litchis en conserve. Piquez les fruits sur 12 brochettes en métal, puis posez-les sur une plaque de cuisson. Parsemez avec le zeste râpé et le jus de 2 citrons verts, et saupoudrez avec 2 c. à s. de sucre roux. Faites griller 3 à 4 minutes sous le gril du four, jusqu'à ce que le sucre commence à se caraméliser.

Fruits tropicaux et sirop au fruit de la passion Faites chauffer 6 c. à s. d'eau et 2 c. à s. de sucre à feu doux, en remuant, jusqu'à ce que le sucre soit dissous. Ajoutez 2,5 cm de gingembre frais, pelé et émincé. Laissez frémir 3 minutes, puis laissez refroidir 10 minutes. Pendant ce temps, préparez 2 mangues, 2 papayes et 1 petit ananas comme ci-dessus, mais en les taillant en tranches fines. Versez le sirop dans un blender, avec la pulpe et les graines de 4 fruits de la passion. Mixez pendant 10 secondes. Versez le sirop sur les fruits et servez aussitôt.

Crèmes aux groseilles à maquereau et sirop de sureau

Pour 4 personnes
450 g de groseilles à maquereau
4 c. à s. de sirop de sureau
50 g de sucre en poudre
400 ml de crème fraîche allégée

- Mettez les groseilles à maquereau, le sirop de sureau et le sucre dans une casserole. Portez à ébullition. Couvrez partiellement et laissez mijoter environ 8 minutes, jusqu'à ce que les fruits soient fondants.

- Versez la préparation dans un robot ou un blender, et mixez jusqu'à ce que le mélange soit lisse. Reversez le tout dans un grand récipient et placez pour 5 minutes au frais.

- Versez la crème fraîche dans un bol et incorporez-y les ⅔ du coulis de groseilles. Répartissez ce mélange dans 4 verres et versez le reste du coulis en surface. Servez aussitôt ou placez au frais jusqu'au moment de servir.

Compote de groseilles au sirop de sureau Dans une casserole, faites mijoter 450 g de groseilles à maquereau, 4 c. à s. de sirop de sureau et 3 c. à s. de sucre, pendant 8 à 10 minutes, en remuant de temps en temps. Goûtez et ajoutez éventuellement un peu de sucre, selon votre goût. Délicieux avec du fromage blanc.

Crumble aux groseilles et au sirop de sureau Mettez 700 g de groseilles à maquereau dans un plat à gratin (contenance 1,2 litre). Saupoudrez avec 75 g de sucre et arrosez avec 2 c. à s. de sirop de sureau. Travaillez 100 g de farine complète et 75 g de beurre du bout des doigts, jusqu'à obtention d'un sable grossier (vous pouvez aussi utiliser un robot). Ajoutez 100 g de muesli et 2 c. à s. de sucre. Répartissez ce mélange sur les fruits et tassez légèrement. Faites cuire 20 à 25 minutes dans un four à 180 °C, jusqu'à ce que le dessus soit doré.

Index

Les numéros de pages en *italique* renvoient aux photos.

abricots
abricots grillés
à la pâte d'amandes 42
barres croustillantes
chocolat-abricot 15, 166, *167*
brioche au chocolat
et abricots caramélisés 118
compote abricot-myrtille 50
crumble express abricot-myrtille 50
fausse tourte aux abricots
et aux myrtilles 13, 50, *51*
fruits rôtis à la cannelle 240
pêches et abricots grillés,
yaourt au miel 240, *241*
tarte briochée
abricot-chocolat 18, 118, *119*
tarte abricot-amande 42
tartelettes aux abricots 12, 42, *43*
toasts aux abricots,
sauce au chocolat 118
yaourt croustillant
chocolat-abricot 166
affogato al caffè 15, 184, *185*
et sirop à la vanille 184
amandes
affogato al caffè et biscuits
aux amandes 184
crumbles rhubarbe-orange-
amande 56, *57*
nectarines rôties aux pistaches
et aux amandes 66
riz au lait au citron
et aux amandes 16, 154, *155*
tarte abricot-amande 42
tarte feuilletée aux nectarines
et aux amandes 16, 66, *67*
amarettis, pêches au four
aux framboises
et aux amarettis 12, 64, *65*
ananas
ananas au sirop parfumé 60
brochettes à l'ananas
et au basilic 242
brochettes d'ananas et sirop
piment-menthe 272
brochettes de fruits thaïes 12,
30, *31*
carpaccio d'ananas
au basilic 12, 242, *243*
granité à l'ananas
et au basilic 242
petits moelleux
à l'ananas 16, 60, *61*
salade d'ananas
à la menthe 272, *273*
salade de fruits thaïe
et sirop à la citronnelle 30
salade de fruits tropicaux
et sirop au gingembre 276, *277*
salsa ananas-menthe 272
tranches d'ananas grillées
à la cannelle 60

balsamique (vinaigre)
fraises au poivre et au vinaigre
balsamique 244, *245*
fraises en papillote au vinaigre
balsamique et au poivre 244
trifle aux myrtilles et vinaigre
balsamique 48
bananes
bananes au four,
sauce caramel 202
bananes et noix de pécan,
crème caramélisée 138, *139*
bananes et sauce au caramel 138
banoffee pie 9, 18, 130, *131*
beignets de bananes au sésame,
sauce au beurre
de cacahuètes 16, 146, *147*
chimichangas
banane-chocolat 100, *101*
crèmes à la banane et au whisky 206
crèmes banoffee 130
fruits frais,
sauce au caramel 172, *173*
gaufres à la banane et sirop
aux noix de pécan 158
gaufres à la banane,
sauce caramel
et noix de pécan 202
muffins au lait fermenté
et à la banane 260
pancakes express à la banane 260
pancakes au lait fermenté
et à la banane 16, 260, *261*
pudding à la banane
et à la crème de whisky 206
pudding banane-beurre
de cacahuètes 146
puddings banane-caramel 138
sandwichs banane-chocolat-
beurre de cacahuètes 146
sundaes au caramel 130

tarte Tatin
à la banane 13, 202, *203*
trifles à la banane et à la crème
de whisky 19, 206, *207*
basilic
brochettes à l'ananas
et au basilic 242
crème glacée aux fruits
et au basilic 15, 24, *25*
granité à l'ananas et au basilic 242
beurre de cacahuètes
beignets de bananes au sésame,
sauce au beurre
de cacahuètes 16, 146, *147*
pudding banane-beurre
de cacahuètes 146
sandwichs banane-chocolat-
beurre de cacahuètes 146
biscuits à la lavande 222
blinis
au chocolat 17, 92, *93*
express, sauce au chocolat 92
brioche et pains briochés 10
pain brioché grillé
aux fruits rouges 140
pudding au chocolat
et aux fruits secs 16, 120, *121*

café
affogato al caffè 15, 184, *185*
carrés gourmands
chocolat-espresso 86
cheesecakes
au café 17, 226, *227*
glaces à l'irish coffee 194
meringues et crème au café 226
petites crèmes au mascarpone
et au café 226
petites crèmes
chocolat-café 19, 86, *87*
sabayons
à l'irish coffee 19, 194, *195*
sauce chocolat-café 86
tiramisu 19, 182, *183*
cannelle
crêpes à la cannelle et sauce
chocolat-orange 36
pain perdu à la cannelle
et aux fruits rouges 140, *141*
pain perdu et compote
de fruits rouges 140
caramel
fruits frais, sauce
au caramel 172, *173*
pudding express au caramel 156

sauce caramel au gingembre 156
caramel salé
    éclats de caramel salé 11, *15*, 192, *193*
    sauce au caramel salé 192
carpaccio d'ananas au basilic *12*, 242, *243*
cassis
    coulis de cassis 72, 220
    crèmes au cassis
        et à la menthe 220
    crèmes parfumées au cassis 72
    petits cheesecakes
        au cassis *17*, 72, *73*
    tartelettes au cassis 220, *221*
cerises
    brownies chocolat-cerise 80
    brownies chocolat-griotte,
        glace à la vanille 90
    cerises au chocolat
        et au marsala 80
    clafoutis aux cerises *19*, 46, *47*
    coupe glacée
        chocolat-cerise *15*, 80, *81*
    desserts chocolat-cerise 110
    florentins chocolat-griotte 90
    glace vanille aux cerises 46
    miniclafoutis cerise-amande 46
    petits moelleux au chocolat
        et aux griottes *17*, 90, *91*
    tarte chocolat-cerise 110
    trifle chocolat-cerise *18*, 110, *111*
cheesecakes
    au café *17*, 226, *227*
    au cassis *17*, 72, *73*
    au chocolat blanc
        et aux fraises *18*, 108
    express 164
    new-yorkais *17*, 164, *165*
    verrines façon cheesecake 164
    verrines façon cheesecake
        chocolat-mandarine 84, *85*
chocolat
    barres chocolatées aux pruneaux 122
    barres croustillantes
        chocolat-abricot *15*, 166, *167*
    blinis au chocolat *17*, 92, *93*
    blinis express, sauce
        au chocolat 92
    bol en chocolat 82
    bombe glacée meringuée
        chocolat-framboise 212
    bouchées Rocky Road 144
    brochettes de marshmallows
        et sauce au chocolat 142

brownies chocolat-cerise 80
brownies chocolat-griotte,
    glace à la vanille 90
carrés gourmands
    chocolat-espresso 86
cerises au chocolat
    et au marsala 80
cheesecake au chocolat blanc
    et aux fraises *18*, 108
chimichangas
    banane-chocolat 100, *101*
clafoutis
    chocolat-framboise 102
cookies Rocky Road 144
copeaux 11
cornets chocolatés
    et sorbet aux framboises 274
coupe glacée
    chocolat-cerise *15*, 80, *81*
coupes glacées au chocolat
    croustillant 124
crème à la menthe et coupelles
    en chocolat *19*, 208, *209*
crèmes express à la menthe
    et au chocolat 208
crèmes au chocolat, citron vert
    et mascarpone 152
crèmes chocolat-mandarine 84
crêpes à la cannelle et sauce
    chocolat-orange 36
crêpes au chocolat *16*, 102, *103*
crêpes et sauce
    au chocolat praliné 102
crêpes Suzette 36
croquants au chocolat,
    crème de limoncello 204
croustillant au chocolat
    et au muesli 166
crumbles poire-chocolat *16*, 98, *99*
desserts chocolat-cerise 110
florentins chocolat-griotte 90
fondant aux épices et sauce
    au chocolat *16*, 112, *113*
fondants chocolat-pistache 116
fondue au chocolat *17*, 82, *83*
fondue au chocolat et pailles
    aux noisettes *19*, 176, *177*
fondue au chocolat et torsades
    feuilletées 176
ganache au chocolat blanc 92
gâteau chocolat-mandarine 84
gâteau fondant
    chocolat-pruneau *18*, 122, *123*
gaufrettes glacées
    au chocolat 106

glace pistache-chocolat 116
mousse à la menthe
    et au chocolat blanc 208
mousse au chocolat et rayon
    de miel *19*, 124, *125*
mousses chocolat-gingembre 114
pailles aux noisettes, crème
    glacée et sauce chocolat 176
pain perdu chocolat-cannelle 120
palets de chocolat aux éclats
    de caramel 192
petites crèmes
    chocolat-café *19*, 86, *87*
petits fondants
    chocolat-orange 94, *95*
petits moelleux au chocolat
    et aux griottes 90, *91*
petits pots express
    au chocolat croustillant 124
petits puddings
    chocolat-orange 120
poires et sauce au chocolat 98
poires pochées au romarin
    et sauce au chocolat 98
pudding au chocolat
    et aux fruits secs *16*, 120, *121*
pudding chaud
    chocolat-piment 100
pudding fondant
    chocolat-caramel 78
puddings au chocolat fondant 112
pruneaux au chocolat 122
risotto au chocolat *13*, 96, *97*
riz au lait express
    chocolat-orange 96
sabayons au chocolat *19*, 228, *229*
sandwichs banane-chocolat-
    beurre de cacahuètes 146
sauce au chocolat et à la liqueur
    d'orange 94
sauce chocolat-café 86
sauce chocolat-caramel *15*, 78, *79*
sauce chocolat express
    aux épices 112
sauce chocolat-piment 100
soufflés chocolat-pistache *19*, 116, *117*
sucettes glacées
    au chocolat *15*, 106, *107*
sundaes Rocky Road *15*, 144, *145*
tarte au chocolat
    et au marsala 228
tarte briochée
    abricot-chocolat *18*, 118, *119*
tarte chocolat-cerise 110

tarte chocolat-gingembre *18*,
114, *115*
tarte chocolat-orange 94
toasts aux abricots,
sauce au chocolat 118
trifle chocolat-cerise *18*, 110, *111*
verrines façon cheesecake
chocolat-mandarine 84, *85*
yaourt croustillant
chocolat-abricot 166
chocolat blanc
blinis au chocolat, ganache
au chocolat blanc 92
cheesecake au chocolat blanc
et aux fraises *18*, 108, *109*
crèmes meringuées
aux framboises 190
fondue au chocolat blanc 82
fraises et sauce
au chocolat blanc 108
gâteau au chocolat blanc
et aux myrtilles 88
mousse au chocolat blanc,
citronnelle et cardamome *12*,
104, *105*
nids meringués
aux framboises 212
paniers de myrtilles, sauce
au chocolat blanc *14*, 88, *89*
petits paniers de crème
au chocolat blanc 88
roulé meringué chocolat blanc-
framboises *14*, 190, *191*
sauce express
au chocolat blanc 104
tarte au chocolat blanc 104
tiramisu à la fraise
et au chocolat blanc 182
citronnelle
mousse au chocolat blanc,
citronnelle et cardamome *12*,
104, *105*
salade de fruits thaïe
et sirop à la citronnelle 30
sauce express
au chocolat blanc 104
tarte au chocolat blanc 104
citron
bouchées meringuées au citron 168
coupelles biscuitées
et glace aux fruits rouges 236
crème citronnée et coulis
de myrtilles 160
crèmes meringuées
au lemon curd 168

fondants aux deux citrons 186, *187*
gaufres et sauce myrtille-citron 48
mousse légère au citron 254, *255*
muffins aux myrtilles
et crème citronnée 160
pancakes citron-ricotta 136, *137*
pancakes express au citron 136
petits gâteaux
myrtille-citron *14*, 160, *161*
riz au lait au citron
et aux amandes *16*, 154, *155*
riz au lait express au citron 154
soufflés au citron 254
tarte au citron meringuée 168, *169*
tarte au citron sans cuisson 188
tartelettes au citron *18*, 188, *189*
tartelettes au citron minute 188
yaourt crémeux au citron 254
citron vert
coulis de mangues, citron vert
et piment 252
crèmes au chocolat, citron vert
et mascarpone 152
fondants aux deux citrons 186, *187*
key lime pie *18*, 152, *153*
key lime pie sans cuisson 152
mangue grillée et sirop au citron
vert et au piment *12*, 252, *253*
petites crèmes au citron vert
et à la noix de coco 214
petites gelées à la noix de coco
et au citron vert *15*, 214, *215*
puddings noix de coco
et citron vert 214
sabayons aux deux citrons 186
salade de mangues et sirop
au citron vert et au piment 252
salade de pastèque au citron vert
et à la mangue 268
tartelettes au citron vert 186
clémentine
clémentines caramélisées
au gingembre 262
gâteau renversé
aux clémentines 262, *263*
yaourt aux clémentines 262
coriandre, salade de melons
au gingembre et à la coriandre 32
canneberges
coulis orange-canneberge 58
moelleux orange-canneberge 58, *59*
petits gâteaux
orange-canneberge 58
risotto aux canneberges
et aux raisins secs 154

crème anglaise express 210
crèmes brûlées aux fruits 28, *29*
crêpes & pancakes
crêpes à la cannelle et sauce
chocolat-orange 36
crêpes au beurre citronné 136
crêpes au chocolat *16*, 102, *103*
crêpes et sauce
au chocolat praliné 102
crêpes Suzette 36
pancakes express
à la banane 260
pancakes au lait fermenté
et à la banane *16*, 260, *261*
pancakes aux myrtilles *14*, 132,
133
pancakes citron-ricotta 136, *137*
pancakes express au citron 136
crumbles
aux groseilles et au sirop
de sureau 278
express abricot-myrtille 50
express aux prunes *13*, 52, *53*
minicrumbles aux prunes 52
poire-chocolat *16*, 98, *99*
rhubarbe-gingembre 68
rhubarbe-orange-amande 56, *57*

dattes
moelleux aux dattes, sirop d'érable
et noix de pécan 148, *149*
sauce aux dattes et au sirop
d'érable 148
tarte aux dattes et au sirop
d'érable 148

eau de rose
gâteau roulé meringué
aux pistaches
et à l'eau de rose 218
meringues à l'eau de rose
et à la grenade *12*, 218, *219*
riz au lait à l'eau de rose
et figues pochées 174
riz au lait express
à l'eau de rose et à la
cardamome *13*, 174, *175*
vacherin à l'eau de rose
et à la grenade 218

épices
compote de fruits secs
aux épices 248, *249*
fondant aux épices et sauce
au chocolat *16*, 112, *113*
prunes rôties aux épices *13*, 34, *35*

sauce chocolat express
aux épices 112
figues
figues poêlées
au marsala *19*, *196*, *197*
figues rôties au miel
et au marsala 196
riz au lait à l'eau de rose
et figues pochées 174
sabayons et figues
au marsala 196
filo, pâte
aumônières express 170
fondue au chocolat et pailles
aux noisettes *19*, *176*, *177*
pailles aux noisettes,
crème glacée
et sauce chocolat 176
strudel aux pommes
et aux raisins secs *13*, *170*, *171*
tartelettes croustillantes
aux pommes *17*, *54*, *55*
tartelettes passion-fraise *14*, *62*, *63*
flocons d'avoine
sundaes framboises et miel 26
trifles flocons d'avoine
et framboises 26
fraises
cheesecake au chocolat blanc
et aux fraises *18*, *108*, *109*
fraises au poivre et au vinaigre
balsamique *244*, *245*
fraises et sauce
au chocolat blanc 108
nids meringués et crème
aux fraises 134
sauce poivrée à la fraise 244
sundaes fraise-chocolat 78
tarte meringuée aux fraises 134
tartelettes passion-fraise *14*,
62, *63*
tiramisu à la fraise et au chocolat
blanc 182
vacherin aux fraises *9*, *14*,
134, *135*
framboises
blinis au chocolat *17*, *92*, *93*
bombe glacée meringuée
chocolat-framboise 212
cheesecakes new-yorkais *17*,
164, *165*
clafoutis chocolat-framboise 102
crème croustillante aux framboises
et au miel *14*, *26*, *27*

crèmes meringuées
aux framboises 190
gâteau roulé meringué
framboise-noisette 270
meringues et sorbet
aux framboises 274
millefeuille aux framboises *12*,
200, *201*
millefeuilles individuels
aux framboises 200
mini-omelettes
norvégiennes *15*, *212*, *213*
nids meringués aux framboises 212
omelettes norvégiennes
express 212
pêches au four aux framboises
et aux amarettis *12*, *64*, *65*
pêches Melba 64
ricotta et miel chaud
à la cannelle *250*, *251*
roulé meringué chocolat blanc-
framboises *14*, *190*, *191*
sorbet express
aux framboises *15*, *274*, *275*
sundaes framboises et miel 26
tartelettes express
aux framboises 200
trifles express 150
trifles flocons d'avoine
et framboise 26
fruits de la passion
fruits tropicaux et sirop
au fruit de la passion 276
gâteau sablé aux fruits
de la passion
et au mascarpone 62
millefeuilles mangue-passion 224
sirop de fruit de la passion 224
soufflés mangue-passion *17*,
224, *225*
tartelettes chaudes aux fruits
de la passion 62
tartelettes
passion-fraise *14*, *62*, *63*
tarte mangue-passion *18*, *38*, *39*
tarte Tatin mangue-passion 38
yaourt mangue-passion au muesli 38
fruits exotiques
bombes glacées aux fruits 24
brochettes de fruits tropicaux 276
compote de fruits exotiques 248
crème glacée aux fruits
et au basilic *15*, *24*, *25*
fruits tropicaux et sirop
au fruit de la passion 276

macarons glacés 24
salade de fruits tropicaux et sirop
au gingembre *12*, *276*, *277*
fruits rouges
brochettes de fruits, sauce
aux marshmallows *16*, *142*
compote de fruits secs
aux épices *248*, *249*
crème express aux fruits
et à la lavande 222
crèmes brûlées aux fruits *28*, *29*
crèmes meringuées
aux fruits rouges 270
fondue au chocolat *17*, *82*, *83*
fondue au chocolat blanc 82
fruits rouges caramélisés 28
fruits rouges cuits et meringues
aux noisettes *14*, *270*, *271*
glace au yaourt et aux fruits
rouges *15*, *236*, *237*
coulis de framboises 236
îles meringuées aux fruits
rouges et au sirop
de sureau *14*, *266*, *267*
pain brioché grillé aux fruits
rouges 140
pain perdu à la cannelle
et aux fruits rouges *140*, *141*
pain perdu et compote
de fruits rouges 140
petits pots de crème
à la vanille 28
trifle d'été 150

gaufres
à la banane et sirop aux noix
de pécan 158
à la banane, sauce caramel
et noix de pécan 202
et sauce myrtille-citron 48
gelées
crèmes parfumées au cassis 72
petites gelées à la noix de coco
et au citron vert *15*, *214*, *215*
gingembre
clémentines caramélisées
au gingembre 262
compote rhubarbe-gingembre 68
mousses chocolat-gingembre 114
pamplemousses grillés
au gingembre et à la menthe 264
petits crumbles
rhubarbe-gingembre 68
salade de fruits tropicaux et sirop
au gingembre *276*, *277*

INDEX 283

salade de melons au gingembre
et à la coriandre 32
salade de pamplemousses
au sirop de gingembre
chaud 264
sauce caramel au gingembre 156
sauce chocolat-gingembre 114
tarte chocolat-gingembre 18,
114, 115
tartelettes Tatin rhubarbe-
gingembre 13, 68, 69
trio de pamplemousses
au sirop de gingembre 264, 265
glacée, crème
bombe glacée meringuée
chocolat-framboise 212
bombes glacées aux fruits 24
brownies chocolat-griotte,
glace à la vanille 90
cornets au chocolat 106
coupe glacée à la poire,
sauce caramel 198
coupe glacée
chocolat-cerise 15, 80, 81
coupes glacées
au chocolat croustillant 124
crème glacée aux fruits
et au basilic 15, 24, 25
gaufrettes glacées au chocolat 106
glace au yaourt et aux fruits
rouges 15, 236, 237
glace pistache-chocolat 116
glaces à l'irish coffee 194
macarons glacés 24
mini-omelettes
norvégiennes 15, 212, 213
pailles aux noisettes, crème glacée
et sauce chocolat 176
pêches Melba 64
sauce chocolat-caramel 15, 78, 79
sundaes au caramel 130
sundaes fraise-chocolat 78
sundaes Rocky Road 15, 144, 145
griottes
brownies chocolat-griotte,
glace à la vanille 90
florentins chocolat-griotte 90
petits moelleux au chocolat
et aux griottes 17, 90, 91
groseilles à maquereau
compote de groseilles
au sirop de sureau 264
crèmes aux groseilles
à maquereau et sirop
de sureau 12, 278, 279

crumble aux groseilles
et au sirop de sureau 278

irish coffee
crèmes à l'irish coffee 194
glaces à l'irish coffee 194
sabayons à l'irish coffee 19, 194,
195

key lime pie 18, 152, 153

lavande
biscuits à la lavande 222
crème express aux fruits
et à la lavande 222
pots de crème
à la lavande 17, 222, 223

mandarines
crèmes chocolat-mandarine 84
gâteau chocolat-mandarine 84
verrines façon cheesecake
chocolat-mandarine 84, 85
mangues
brochettes
de fruits thaïes 12, 30, 31
coulis de mangues, citron vert
et piment 252
crème à la mangue,
à la cardamome
et à la menthe 12, 256, 257
gâteau renversé
mangue-cardamome 256
mangue grillée
à la noix de coco 40
mangue grillée et sirop
au citron vert
et au piment 12, 252, 253
millefeuilles mangue-passion 224
riz au lait de coco et mangue 40
salade de fruits thaïe
et sirop à la citronnelle 30
salade de fruits tropicaux et sirop
au gingembre 276, 277
salade de mangues
à la cardamome 252
salade de mangues
et sirop au citron vert
et au piment 252
soufflés mangue-passion 17,
224, 225
tarte mangue-passion 18, 38, 39
tarte Tatin mangue-passion 38
verrines de crème coco
à la mangue 40, 41

yaourt mangue-passion
au muesli 38
marsala
petites crèmes au marsala 228
tarte au chocolat
et au marsala 228
marshmallows
brochettes de fruits, sauce
au marshmallow 16, 142, 143
brochettes de marshmallows
et sauce au chocolat 142
mousse aux marshmallows 142
mascarpone, petites crèmes
au mascarpone et au café 226
melon
salade de melons au gingembre
et à la coriandre 32
salade melon-myrtille et sirop
au thym 32, 33
salade melon-pastèque-mangue 32
menthe
brochettes d'ananas et sirop
piment-menthe 272
brochettes pastèque-menthe 268
crème à la mangue,
à la cardamome
et à la menthe 12, 256, 257
crème à la menthe et coupelles
en chocolat 19, 209, 209
crèmes express à la menthe
et au chocolat 208
crèmes au cassis et à la menthe 220
mousse à la menthe
et au chocolat blanc 208
pamplemousses grillés
au gingembre
et à la menthe 264
pastèque et sucre
à la menthe 12, 268, 269
salade d'ananas
à la menthe 272, 273
salade de pastèque au citron vert
et à la menthe 268
salsa ananas-menthe 272
meringue
bombe glacée meringuée
chocolat-framboise 212
bouchées meringuées
au citron 168
crèmes meringuées
au lemon curd 168
crèmes meringuées
aux framboises 190
crèmes meringuées
aux fruits rouges 270

284 INDEX

fruits rouges cuits et meringues
　　aux noisettes *14*, *270*, *271*
gâteau roulé meringué
　　aux pistaches
　　et à l'eau de rose 218
gâteau roulé meringué
　　framboise-noisette 270
îles meringuées aux fruits rouges
　　et au sirop de sureau 266, *267*
meringues à l'eau de rose
　　et à la grenade *12*, 218, *219*
meringues et crème au café 226
meringues et sorbet
　　aux framboises 274
meringues pistache-orange 246
mini-omelettes
　　norvégiennes *15*, *212*, *213*
nid meringués
　　aux framboises 190
nids meringués et crème
　　aux fraises *134*
omelettes norvégiennes
　　express 212
roulé meringué chocolat blanc-
　　framboises *14*, 190, *191*
tarte au citron
　　meringuée 168, *169*
vacherin à l'eau de rose
　　et à la grenade 218
vacherin aux fraises *9*, *14*,
　　134, *135*

mûres
　　charlotte aux mûres
　　　　déstructurée *14*, *70*, *71*
　　clafoutis pomme-mûre 258
　　compote de mûres 70
　　compote pomme-mûre 54
　　coulis de mûres 238
　　gâteau renversé aux mûres 238
　　minicharlottes aux mûres 70
　　mousse de mûres *14*, 238, *239*
　　petits-fours aux mûres
　　　　et aux pommes *13*, 258, *259*
　　sauce aux mûres 258

myrtilles
　　compote abricot-myrtille 50
　　compote de myrtilles 132
　　crème citronnée et coulis
　　　　de myrtilles 160
　　crumble express
　　　　abricot-myrtille 50
　　fausse tourte aux abricots
　　　　et aux myrtilles *13*, 50, *51*
　　gâteau au chocolat blanc
　　　　et aux myrtilles 88

gaufres et sauce
　　myrtille-citron 48
minicakes aux myrtilles 132
muffins aux myrtilles
　　et crème citronnée 160
pancakes
　　aux myrtilles *14*, *132*, *133*
paniers de myrtilles, sauce
　　au chocolat blanc *14*, 88, *89*
petits gâteaux
　　myrtille-citron *14*, 160, *161*
petits paniers de crème
　　au chocolat blanc 88
salade melon-myrtilles
　　et sirop au thym *32*, *33*
trifle aux myrtilles
　　et vinaigre balsamique 48
trifles aux myrtilles *14*, 48, *49*

nectarines
nectarines au four à la ricotta
　　et au miel 250
nectarines pochées au sirop
　　de sureau 266
nectarines rôties aux pistaches
　　et aux amandes 66
sablés aux nectarines
　　et crème aux noisettes 66
tarte feuilletée aux nectarines
　　et aux amandes *16*, 66, *67*

noisettes
　　éclats de caramel aux noisettes 172
　　fondue au chocolat et pailles
　　　　aux noisettes *19*, *176*, *177*
　　fondue au chocolat
　　　　et torsades feuilletées 176
　　fruits rouges cuits et meringues
　　　　aux noisettes *14*, *270*, *271*
　　gâteau roulé meringué
　　　　framboise-noisette 270
　　pailles aux noisettes, crème
　　　　glacée et sauce chocolat 176
　　sablés aux nectarines
　　　　et crème aux noisettes 66
　　sauce caramel aux noisettes 172

noix de coco
　　brochettes de fruits
　　　　et crème coco 30
　　macarons glacés 24
　　mangue grillée à la noix
　　　　de coco 40
　　petites crèmes au citron vert
　　　　et à la noix de coco 214
　　petites gelées à la noix de coco
　　　　et au citron vert *15*, 214, *215*

puddings noix de coco
　　et citron vert 214
riz au lait de coco et mangue 40
verrines de crème coco
　　à la mangue 40, *41*
noix de muscade, petits flans 210
noix de pécan
　　bananes et noix de pécan,
　　　　crème caramélisée 138, *139*
　　gaufres à la banane, sauce
　　　　au caramel et noix
　　　　de pécan 202
　　moelleux aux dattes,
　　　　sirop d'érable
　　　　et noix de pécan 148, *149*

oranges
compote express
　　rhubarbe-orange 56
coulis orange-canneberge 58
crêpes à la cannelle
　　et sauce chocolat-orange 36
crêpes Suzette 36
crumbles rhubarbe-orange-
　　amande 56, *57*
gâteau de polenta à l'orange
　　et au romarin *18*, 216, *217*
gâteaux moelleux à la semoule
　　de maïs 216
moelleux orange-canneberge
　　58, *59*
oranges aux pistaches
　　et à la fleur d'oranger 246, *247*
oranges au sirop
　　de romarin 216
oranges au sirop et tortillas
　　à la cannelle *36*, *37*
petits fondants
　　chocolat-orange 94, *95*
petits gâteaux
　　orange-canneberge 58
petits puddings
　　chocolat-orange 120
risotto à l'orange
　　et aux pistaches 246
riz au lait express
　　chocolat-orange 96
sauce au chocolat
　　et à la liqueur d'orange 94
tarte chocolat-orange 94
tarte sucrée à l'orange 158

pamplemousse
pamplemousses grillés au gingembre
　　et à la menthe 264

INDEX 285

salade de pamplemousses
    au sirop de gingembre chaud 264
trio de pamplemousses
    au sirop de gingembre 264, *265*
papaye
    brochettes
        de fruits thaïes *12*, *30*, *31*
    salade de fruits thaïe
        et sirop à la cannelle 30
    salade de fruits tropicaux et sirop
        au gingembre 276, *277*
pastéis de nata *17*, 210, *211*
pastèque
    brochettes pastèque-menthe 268
    pastèque et sucre
        à la menthe *12*, 268, *269*
    salade de pastèque au citron vert
        et à la menthe 268
pâte d'amandes
    abricots grillés
        à la pâte d'amandes 42
    tartelettes aux abricots *12*, 42, *43*
pâte feuilletée
    fondue au chocolat et torsades
        feuilletées 176
    millefeuille
        aux framboises *12*, 200, *201*
    millefeuilles mangue-passion 224
    petites tourtes à la rhubarbe 44
    tarte abricot-amande 42
    tartelettes au cassis 220, *221*
    tartelettes aux abricots *12*, 42, *43*
    tartelettes pomme-raisin-
        canneberge 170
    tartelettes Tatin rhubarbe-
        gingembre *13*, 68, *69*
    tarte Tatin à la banane 202, *203*
pêches
    fruits rôtis à la cannelle 240
    nectarines pochées
        au sirop de sureau 266
    pêches au four, aux framboises
        et aux amarettis *12*, 64, *65*
    pêches et abricots grillés,
        yaourt au miel 240, *241*
    pêches Melba 64
    pêches pochées à la vanille 240
    pudding pêche-framboise 64
pistaches
    fondants chocolat-pistache 116
    gâteau roulé meringué
        aux pistaches et à l'eau
        de rose 218
    glace pistache-chocolat 116
    meringues pistache-orange 246

nectarines rôties aux pistaches
    et aux amandes 66
oranges aux pistaches
    et à la fleur d'oranger 246, *247*
risotto à l'orange
    et aux pistaches 246
risotto au chocolat et tuiles
    aux pistaches 96
riz au lait express à l'eau de rose
    et à la cardamome *13*, 174, *175*
riz au lait parfumé maison 174
soufflés
    chocolat-pistache *19*, 116, *117*
poires
    coupe glacée à la poire,
        sauce caramel 198
    crumbles poire-chocolat *16*, 98, *99*
    poires cuites aux biscuits
        florentins 198
    poires et sauce au chocolat 98
    poires pochées à la vanille
        et sauce au caramel
        chaude *16*, 198, *199*
pommes
    clafoutis pomme-mûre 258
    compote de pommes express 162
    compote de pruneaux
        au jus de pomme 248
    compote pomme-mûre 54
    fruits frais, sauce
        au caramel 172, *173*
    petits-fours aux mûres
        et aux pommes *13*, 258, *259*
    pommes au four 54
    strudel aux pommes et aux raisins
        secs, *13*, 170, *171*
    tarte aux pommes *18*, 162, *163*
    tartelettes aux pommes 162
    tartelettes croustillantes
        aux pommes *17*, 54, *55*
    tartelettes pomme-raisin-
        canneberge 170
pruneaux
    barres chocolatées
        aux pruneaux 122
    compote de pruneaux
        au jus de pomme 248
    gâteau fondant
        chocolat-pruneau *18*, 122, *123*
    pruneaux au chocolat 122
prunes
    compote de prunes aux épices 34
    crumble express
        aux prunes *13*, 52, *53*
    minicrumbles aux prunes 52

muesli au yaourt et aux prunes 52
prunes rôties à la vanille 34
prunes rôties aux épices *13*, 34, *35*

raisin
    biscuits au parmesan
        et au romarin,
        raisin poché *19*, 230, *231*
    raisin poché et sirop
        de romarin 230
    salade de fruits tropicaux et sirop
        au gingembre 276, *277*
    salade de raisin au miel
        de fleur d'oranger 230
rhubarbe
    compote express
        rhubarbe-orange 56
    compote rhubarbe-gingembre 68
    crèmes rhubarbe-orange 56
    crumbles rhubarbe-orange-
        amande 56, *57*
    petites tourtes à la rhubarbe 44
    petits crumbles rhubarbe-
        gingembre 68
    rhubarbe pochée sur brioche
        aux fruits *16*, 44, *45*
    tartelettes Tatin rhubarbe-
        gingembre *13*, 68, *69*
    trifles express à la rhubarbe 44
ricotta
    nectarines au four à la ricotta
        et au miel 250
    petits gâteaux à la ricotta
        et au miel 250
    ricotta et miel chaud
        à la cannelle 250, *251*
riz
    risotto à l'orange
        et aux pistaches 246
    risotto au chocolat *13*, 96, *97*
    risotto aux canneberges
        et aux raisins secs 154
    riz au lait à l'eau de rose
        et figues pochées 174
    riz au lait au citron
        et aux amandes *16*, 154, *155*
    riz au lait express au citron 154
    riz au lait express à l'eau de rose
        et à la cardamome *13*, 174, *175*
    riz au lait express
        chocolat-orange 96
    riz au lait parfumé maison 174
romarin
    biscuits au parmesan et au romarin,
        raisin poché *19*, 230, *231*

gâteau de polenta à l'orange
et au romarin *18*, 216, *217*
oranges au sirop de romarin 216
poires pochées au romarin
et sauce au chocolat 98
raisin poché et sirop
de romarin 230

sésame
beignets de bananes
au sésame *16*, 146, *147*

sorbets
cornets chocolatés et sorbet
aux framboises 274
granité à l'ananas
et au basilic 242
meringues et sorbet
aux framboises 274
sorbet express
aux framboises *15*, 274, *275*
sucettes glacées
au chocolat *15*, 106, *107*

sureau
compote de groseilles
au sirop de sureau 278
crème aux groseilles
à maquereau
et sirop sureau *12*, 278, *279*
crumble aux groseilles
et au sirop de sureau 278
fromage blanc au sirop
de sureau 266
îles meringuées aux fruits
rouges et au sirop
de sureau *14*, 266, *267*

nectarines pochées
au sirop de sureau 266

tartes & tartelettes
pastéis de nata *17*, 210, *211*
petits flans à la noix de muscade 210
tarte abricot-amande 42
tarte au chocolat blanc 104
tarte au chocolat
et au marsala 228
tarte aux pommes *18*, 162, *163*
tarte briochée abricot-chocolat
18, 118, *119*
tarte chocolat-cerise 110
tarte chocolat-gingembre *18*,
114, *115*
tarte chocolat-orange 94
tartelettes au citron *18*, 188, *189*
tartelettes au citron minute 188
tartelettes au citron vert 186
tartelettes aux pommes 162
tartelettes
très sucrées *17*, 158, *159*
tarte mangue-passion *18*, 38, *39*
tarte sucrée à l'orange 158
thym, salade melon-myrtille
et sirop au thym 32, *33*
tiramisu *19*, 182, *183*
tortillas
chimichangas
banane-chocolat 100, *101*
oranges au sirop et tortillas
à la cannelle 36, *37*
trifles
à la banane et à la crème
de whisky *19*, 206, *207*

aux framboises *18*, 150, *151*
aux myrtilles 48, *49*
aux myrtilles et vinaigre
balsamique 48
chocolat-cerise *18*, 110, *111*
d'été 150
express 150
express à la rhubarbe 44
flocons d'avoine et framboise 26

vanille
affogato al caffè et sirop
à la vanille 184
pêches pochées à la vanille 240
petits pots de crème
à la vanille 28
poires pochées à la vanille
et sauce au caramel
chaude *16*, 198, *199*
prunes rôties à la vanille 34
sucre vanillé 11
trifles aux myrtilles *14*, 48, *49*

yaourt
aux clémentines 262
crèmes brûlées aux fruits 28, *29*
crémeux au citron 254
glace au yaourt et aux fruits
rouges *15*, 236, *237*
mangue-passion
au muesli 38
mousse de mûres *14*, 238, *239*
muesli au yaourt et aux prunes 52
pêches et abricots grillés,
yaourt au miel 240, *241*

Mesures liquides

Système impérial	Système métrique
¼ tasse	65 ml
⅓ tasse	85 ml
½ tasse	125 ml
¾ tasse	190 ml
1 tasse	250 ml

Chaleurs du four

Degrés F	Degrés C
250 °F	120 °C
300 °F	150 °C
350 °F	180 °C
400 °F	200 °C
450 °F	230 °C

Mesures d'aliments secs

Farine	1 tasse = 115 g
Sucre	1 tasse = 225 g
Cassonade	1 tasse = 200 g
Beurre	1 tasse = 225 g
Riz	1 tasse = 210 g

Les cuillerées à soupe et à café utilisées dans nos recettes correspondent aux volumes suivants :
1 c. à s. = 15 ml
1 c. à c. = 5 ml

Remerciements

Édition : **Eleanor Maxfield**
Responsable éditorial : **Leanne Bryan**
Préparation de copie : **Jo Murray**
Directeur artistique : **Jonathan Christie**
Maquette : **www.gradedesign.com**
Direction artistique : **Juliette Norsworthy & Tracy Killick**
Photographies : **Will Heap**
Contrôle de gestion : **Denise Smart**
Stylisme : **Isabel De Cordova**
Fabrication : **Katherine Hockley**

ISBN : 978-2-501-07722-4
Dépôt légal : avril 2012
41.1778.4/01
Achevé d'imprimer en Chine par Toppan